AF450597

FACTUM

POUR Dame ANNE LE GOUCHE, Epouse de Meſſire André ROLLAND Conſeiller du Roy en ſes Conſeils, premier Avocat General au Parlement de Grenoble, & Maiſtre JEAN TARDIVY Conſeiller au Siege de Grace, demandeurs en caſſation d'un Arreſt rendu au Parlement de Provence le 14. Juillet 1706.

CONTRE PIERRE MEGE, *Soldat de Marine, ſoy-diſant André d'Antreverges, qui par cet Arreſt a eſté declaré Iſaac de Brun de Coſtellane, fils de Scipion de Brun de Caſtellane* DECAILLE *& de Rougon, & de Dame Judith le Gouche ſes pere & mere,* Défendeur.

LA demande en caſſation ſur laquelle le Conſeil doit pro-noncer, eſt d'une importance extreme, l'Arreſt dépouille Mᵉ Rolland & le ſieur Tardivy d'un bien que les Loix, les Edits & les Ordonnances leur avoient juſtement accordé : c'eſt la moindre des injuſtices qu'il leur a faites ; il leur donne pour parent un impoſteur fils d'un forçat, dont la vie n'eſt qu'un tiſſu de crimes, de fourberies, & d'impoſtures ; c'eſt une injure qui porte un coup mortel à leur honneur, & à celuy de toute leur famille ; & c'eſt un des principaux motifs qui les a forcé de ſe plaindre.

Voilà l'idée generale du procés : les Demandeurs l'expoſent icy dans toute ſa ſimplicité ; c'eſt ainſi qu'on en doit uſer, quand on défend une bonne cauſe, *l'artifice le plus recherché eſt toûjours le partage du menſonge, la verité n'eſt jamais plus brillante que lorſqu'elle eſt ſans ornemens.*

On laiſſe au Défendeur ces *ornemens* recherchez : l'exorde & le ſtile pompeux du Factum qu'il vient de répandre ; ſon Portrait qu'il a fait graver, les vers qu'il a fait mettre au bas de ce Portrait, *ce dénoüement qui tient du merveilleux,* qu'il promet & qu'on cherche en vain dans ſon ouvrage : tout cela peut exciter la curioſité, & ſervir, ſuivant les regles qu'il y a luy-meſme propoſées à *défendre*

Page 2. du Factum de l'impoſteur.

Page 2. du Factum de l'impoſteur.

A

ne méchante cause. & à soûtenir un Arrest qui a jugé contre là justice & contre la verité, mais on ne doit pas craindre que le Conseil se laisse entraîner à ces *prestiges ;* la *verité* exposée à ses yeux *dans sa noble simplicité* triomphera sans peine de l'imposture.

Les Demandeurs fondent cette esperance, non-seulement sur la force des moyens de cassation, & sur l'iniquité évidente de l'Arrest, qu'on expliquera dans la suite de ce Factum; mais encore sur ce que le Conseil n'a permis d'assigner le Défendeur, qu'après avoir esté pleinement instruit de tout ce qu'on peut alleguer aujourd'huy en faveur de l'Arrest dont ils poursuivent la cassation.

En effet, jamais Requeste ne fut admise avec plus de précaution: Maistre Silvain Avocat au Parlement de Provence, à qui *pour le payement de ses honoraires & pour 150. seances de deux heures chacune faites chez M. Boyer Rapporteur,* le Défendeur passa le 28. Septembre 1706. une obligation de 12000. livres qui est produite au procés, vint à Paris au mois d'Octobre suivant. La Requeste des Demandeurs estoit pour lors entre les mains de M. Maboul, il en eut communication, il y répondit par un *Memoire* imprimé de 64. pages qui fut suivy peu après d'une longue *addition,* il y proposa des *fins de non-recevoir* qu'il appelloit invincibles, & tâcha de détruire les moyens qu'on avoit allegués: les Demandeurs furent obligez de luy répondre, il leur repliqua. Ses trois Memoires furent distribuez à tout le Conseil, il fut entendu devant Messieurs les Commissaires, cela ne s'estoit point fait depuis le dernier Reglement, mais l'affaire parut trop importante pour se renfermer dans les regles ordinaires. Enfin tous ses efforts & toutes les suppositions dont il se servit, ne purent empécher que la Requeste ne fut receuë.

Ce ne fut donc pas comme on le suppose *la nouveauté d'une question d'Estat, qualifiée de toutes manieres, & suscitée pour cause de Religion dont le Conseil voulut estre informé, qui fit admettre la Requeste en cassation ;* Il fût deslors pleinement instruit ; il connut dés ce tems-là, que la *Religion* n'avoit point de part dans tout ce qui s'estoit passé, & que l'imposture estoit sensible ; mais il voulut voir les pieces du Procés, & suspendre pour un temps sa justice afin de l'a rendre plus éclatante & plus severe.

Que peut-on dire à present pour le Deffendeur, qui n'ait esté dit en ce temps-là ; son Enqueste, sur laquelle seule le Parlement d'Aix a fondé sa decision fut examinée, ou lut son *Factum* & ses *Memoires;* les Demandeurs, qui n'avoient pour lors que la seule copie de l'Arrest qu'on leur avoit signifié, ont à present la preuve de tous les faits qu'ils avoient avancez, & qu'ils ne pouvoient établir, parce que le Parlement d'Aix avoit eu la précaution d'ordonner par son Arrest,

Produit par les Demandeurs au Conseil cotte H.

Page 25. du Factum de l'imposteur.

que *leurs pieces ne leur seroient point renduës.* Elles sont à present au Conseil, elles prouvent la verité de tout ce qu'ils ont dit, les moyens qu'ils ont proposés, & l'iniquité évidente de l'Arrest dont ils se plaignent ; elles font voir l'illusion, la foiblesse & la supposition, de tout ce que le Deffendeur allegua pour empêcher que leur Requête ne fut admise, & de tout ce qu'il allegue aujourd'hui contre leur demande en cassation : Ils ont donc lieu de croire, que le Conseil, qui a voulu se faire instruire *à fonds* du procez, les mettra bientôt en estat de se faire rendre la Justice, que le Parlement d'Aix leur a refusée.

Pour éclaircir la matiere, & pour soulager ceux qui liront ce Factum, que l'importance de la Cause ne permet pas de reduire en peu de paroles, les Demandeurs le diviseront en quatre Parties.

Dans la premiere ; Ils donneront une idée du fait la plus sommaire qu'il leur sera possible.

Dans la seconde ; Ils expliqueront leurs moyens de cassation, les objections du Deffendeur, leurs réponses.

Dans la troisiéme ; Ils établiront l'iniquité évidente de l'Arrest.

La quatriéme ; Renfermera quelques observations sur la réponse que le Deffendeur a faite dans son dernier Factum, au Memoire, que les Demandeurs ont déja distribué.

Dans toutes ces quatre Parties ils ne diront rien dont la preuve ne soit au Procés.

PREMIERE PARTIE.

FAIT.

Les Memoires, que les Demandeurs ont déja donnés au Public, ont suffisamment apris quelle est la famille du sieur de Caille. Personne n'ignore qu'au mois d'Octobre 1685. après la revocation de l'Edit de Nantes, il sortit du Royaume avec son fils unique, âgé pour lors de 21 ans, qu'il se refugia en Suisse, & s'établit à Lauzanne : que ce fils pour l'éducation, duquel il n'avoit rien épargné, mourut entre ses bras à Vevay, le 15 Février 1696. que les biens, qu'ils laisserent en France, furent adjugez aux Demandeurs par un Arrest du Parlement d'Aix.

Il seroit inutile de s'étendre ici sur tous ces Faits, on ne veut point imiter le Deffendeur, qui employe dix pages de son dernier *Factum*, à repeter les mêmes fables & les mêmes suppositions dont on avoit déja rempli les *écritures* faites en Provence, & les *Memoires* ci-devant donnez au Conseil.

Les Demandeurs qui en ont fait voir la fausseté, ni feroient point ici d'attention, si le tour nouveau qu'on y vient de donner ne leur faisoit apprehender, que le silence qu'ils garderoient à cet égard, seroit un aveu tacite de tout ce qu'on prend la liberté d'avancer.

Ils ne prétendent pas néanmoins discuter toutes ces suppositions les unes après les autres, un volume ne suffiroit pas: on observera seulement en general qu'on a affecté de n'y mettre aucunes dattes, parce que l'impossibilité qu'il y auroit de les concilier avec les réponses du Défendeur, auroient suffi pour découvrir son imposture, & ils se contenteront de relever quelques-uns des principaux faits qu'il avance, où la supposition est la plus sensible.

Page 5 du Factum du Défendeur.

Le Défendeur allegue que le fils du sieur de Caille est né environ l'année 1670. *on n'a pû*, dit-il, *sçavoir précifément le jour de sa naissance, parce que l'Acte de son Baptême a esté détourné avec le Regiftre des Huguenots de Manosque*; il ajoûte qu'*on presume, suivant la déposition de plusieurs témoins* de son Enqueste, qu'*il peut estre dans sa 36. ou 37. année, puisqu'ils declarent qu'en 1685. lorsque son pere & luy sortirent du Royaume, il n'avoit que 14. à 15. ans.*

On cite à la marge quatre témoins sur les dépositions desquels cette *présomption* est fondée: c'est le 18. 27. 29. & 33. de cette Enqueste. Peut-on douter après cela que le fait ne soit veritable.

C'est le premier de ceux qu'on allegue dans le Factum, si les Demandeurs en font voir la fausseté, le Public équitable ne manquera pas d'estre en garde sur tous les autres.

Il n'y a nulle preuve au procés que *le Regiftre des Huguenots de Manosque* de l'année 1670. *ait esté détourné*; ceux des Baptêmes depuis l'Ordonnance de 1667. se trouvent au Greffe de Forcalquier, les Demandeurs en ont tirés des Extraits Baptistaires des enfans puînés du Sieur de Caille ils sont produits au procés: le fils aîné du sieur de Caille, dont on ne peut rapporter l'Extrait Baptistaire, estoit donc né avant 1667.

10. Sac 5. S.

Il y en a des preuves Litterales au procés: ils ont produit une Lettre du Sieur Bourdin ayeul maternel de ce fils du 3. Decembre 1664. elle est écrite au sieur d'Esparron, il luy marque que *Dieu luy a donné un* petit *fils*, que *les accidens* qui suivent les accouchemens les plus heureux *commencent à diminuer*: cela fait voir que le fils estoit né douze ou quinze jours auparavant: en effet, l'on sçait, & le Journal de cet ayeul en fait foy, que *ce petit fils* qui fut *nommé Isaac, vint au monde le* 19. *Novembre* 1664.

10. Sac 5. R.

Ibid. K.

On a encore produit *l'extrait du Livre de raison du sieur Maurin Apotiquaire* à Manosque; il porte qu'*il a fourny certains remedes au petit Rougon en* 1665. *dans les mois d'Avril & May* 1666. *& les* 8.

Fevrier 21. & 27. *Avril* 1667. donc, *le petit Rougon*, celuy au lieu duquel l'impoſteur ſe ſuppoſe, eſtoit né avant l'année 1665.

Ces preuves Litterales peuvent-elles eſtre balancées par une *pre-ſomption* frivole fondée ſur les dépoſitions de quatre témoins? On s'en rapporte au jugement du Public.

Mais voyons ce que diſent ces témoins : le dix-huit dépoſe en 1700. qu'*il y a environ quinze ans qu'il vit chez le ſieur de Valavoire le fils du ſieur de Caille, il n'avoit alors*, dit-il, *que quatorze à quinze ans*; cette dépoſition eſt la ſeule ſur laquelle le défendeur fonde ſa *préſomption*.

Mais ce témoin avoüe n'avoir jamais vû le fils du ſieur de Caille, que cette ſeule fois: croira-t-on qu'aprés quinze ans il ſoit poſſible de ſe ſouvenir de l'âge que pouvoit avoir un jeune homme qu'on n'a preſque pas eu le temps de regarder? La memoire peut-elle conſerver ces ſortes d'idées paſſageres?

Le vingt-ſeptiéme témoin dit en 1685. que *le fils du ſieur de Caille quand il ſortit du Royaume avoit environ 13. à 14. ans*, il ſeroit né ſelon luy en 1671. ou en 1672.

On ne peut *preſumer* l'âge de ce fils ſur ce que dit Iſabeau Martin vingt-neuviéme témoin; elle declare qu'*elle eſt âgée de 34. ans, qu'elle connoiſt le fils du ſieur de Caille, qu'elle a eſté avec luy à l'école, que le ſieur Duchaiſne qui luy apprenoit à lire, enſeignoit en meſme temps le fils, qui pouvoit avoir pour lors treize à 14. ans, s'il eſtoit né en* 1670. comme on veut le *preſumer*, ils eſtoient enſemble à *l'école* en 83. ou en 84. Iſabeau Martin auroit eu pour lors 17. à 18. ans, *preſumera-t'on* qu'une fille à cet âge allât apprendre à lire & à écrire chez un Maiſtre? Sa dépoſition ne fait donc pas *preſumer* que *le fils du ſieur de Caille eſt né en* 1670.

Le trente-troiſiéme témoin détruit abſolument cette *preſomption*: il dit qu'*il a vû le fils du ſieur de Caille à Manoſque il y a 21. ans; il avoit* dit-il, *douze à treize ans*; il dépoſe le 24. Novembre 1700. ce fils eſtoit donc né en 1666. ou en 1667. pourquoy ſur la foy de ces dépoſitions qu'on n'a pas apparemment lues, ſuppoſe-t'on que ce fils naquit à Manoſque environ l'année 1670.

Si l'on avoit parcouru cette enqueſte & ſi l'on avoit voulu dire la verité, on auroit avoué de bonne foy que la dépoſition du dix-huitiéme témoin qui eſt la ſeule ſur laquelle on fonde la *préſomption* qu'on allegue, ſe trouve démentie par les dépoſitions de 10. à 12. autres, qui tous font le fils du ſieur de Caille plus âgé de 4. 5. & 6. années, & qui approchent par conſequent à peu-prés du veritable temps de ſa naiſſance.

Mauroux vingt-quatriéme témoin, dit en 1700. qu'*il y avoit 20.*

ans, qu'il quitta le ſervice du ſieur de Caille, qu'il reſta chez luy ſept
années, que lorſqu'il y entra le fils pouvoit avoir ſept ans. Il en avoit
neuf, on peut aiſément ſe tromper de deux ans ſur l'âge d'un enfant,
quand on veut le deviner à l'inſpection de ſon viſage.

Les 85. & 157. dont l'un ſe donne 37. ans, & l'autre 39. diſent que
le fils eſtoit un peu moins âgé qu'eux.

Les 163. & 164. qui diſent avoir l'un 35. ans, & l'autre 38. alleguent
que ce fils eſtoit un peu plus âgé qu'eux.

Suivant la dépoſition des 50. 84. 101. & 318. ce fils auroit pû avoir
au temps de l'enqueſte trente-cinq à trente ſix ans, le 114. ſe donne 35.
ans, & le fils avoit quatre ou cinq ans de plus: le 328. qui eſt auſſi
le 93. parce qu'il a eſté entendu deux fois, ſe donne 41. ans; & declare que le fils du ſieur de Caille avoit cinq ans moins que luy. Il eſt
donc évident que ce fils naſquit en 1664. que le premier fait qu'on
allegue dans le Factum de l'impoſteur eſt ſuppoſé, & que meſme
les citations ſur leſquelles on prétend l'eſtablir ne ſont pas veritables.

Paſſons à l'examen d'un autre fait, dont la fauſſeté eſt évidente
& ne peut eſtre excuſée.

Page 10. du Fa-
ctum de l'impo-
ſteur.

Le Défendeur ſuppoſe qu'un *Provençal ayant dit un jour à Lauzanne, au ſieur de Caille pere & à la Dame ſa mere; qu'on les regrettoit fort à Manoſque: le fils repartit tout haut, J'eſpere bien de m'y voir
un jour, ſur quoy, dit-on, ſon pere le prit par les cheveux, le maltraita
cruellement, en luy diſant, malheureux; je ſçauray bien en te caſſant les
bras & les jambes t'ôter l'envie de t'en retourner:* Voilà un fait bien
circonſtancié; on cite à la marge le trente-cinquiéme témoin de
l'enqueſte du Défendeur; on prétend donc que ce témoin a declaré avoir *vû*, avoir *entendu* ce qu'on rapporte: Voicy en quels
termes ce témoin s'explique.

C'eſt Nicolas Bœuf Cardeur à laine, *il ſe ſouvient*, dit-il, *d'un
entretien qu'ils eurent à Lauſanne il y a environ douze années, le ſieur
de Caille pere demanda au dépoſant ce qu'on diſoit de luy à Manoſque,
il luy auroit répondu qu'on le regrettoit & qu'on s'y reconnoiſſoit des
grandes aumônes qu'il y faiſoit quand il y eſtoit, à quoy le fils du ſieur
de Caille auroit ajoûté, qu'il ne deſeſperoit pas de ſe revoir encore un
jour à Manoſque; & la Dame de Caille ſa grande mere reprenant avec
aigreur, luy dit, Vous eſtes un fol & un inſenſé, vrayment vous irez
à Manoſque; & ni le pere, ni le fils, ni la Dame du Lignon, ni les autres
enfans des uns & des autres n'oſerent rien dire, non plus qu'un nommé
Gautier qui eſtoit Precepteur du ſieur d'Ongles fils de la Dame du Lignon
qui ſe trouva preſent en cette occaſion.*

Ce Témoin dit-il, *que le Pere prit ſon fils aux cheveux*, qu'il *le
maltraita cruellement, qu'il le menaça de luy caſſer les bras & les jambes*

pour luy oster l'envie de s'en retourner: Le pere N'OZA RIEN DIRE, le Temoin le dépose, pourquoi donc alleguer que ce témoin l'a dit, pourquoi
le citer à la marge & le rendre garant de la plus insigne supposition qui
ait jamais esté faite, doit-on se fier aux citations de l'imposteur ?

Le Factum du Défendeur, sur tout dans le recit du fait est remply de semblables traits ; on les y voit briller de tous costez, c'est
dommage qu'il n'y manque que la verité ; on en a puisé une partie
dans le Factum fait en Provence, tels sont en general *l'extreme aver-
sion que le fils du sieur de Caille avoit pour l'étude, la haine, l'antipatie,
le mépris que son pere avoit pour luy, l'inclination que ce fils avoit pour
la Religion Catholique, les mauvais traitemens qui luy furent faits en
Suisse, sa fuite* & toutes ses avantures fabuleuses, *le voyage que le sieur
Rolland fit à Geneve,* où l'on prétend *qu'il fit la cene en présence du
Défendeur* : ce sont autant de suppositions qu'on avance en l'air sans
cotter, ny les années, ny aucune des circonstances essentielles, le
mensonge qui en a donné l'invention ne sçauroit entrer dans ces
détails embarassans, c'est un soin que la verité seule peut se donner,
on ne prouve rien de tout ce qu'on avance ; & en quelques endroits
sur la foy du premier Factum, on cite à la marge des Témoins sur
les dépositions desquels il ne faut que jetter les yeux pour les trouver entierement opposées à ce qu'on prend la liberté de rapporter.

On ne dira pas neanmoins que dans ce dernier *Factum* on se soit
contenté de copier toutes les suppositions du premier, on en a inventé quelques unes qu'on n'avoit pas encore ôsé mettre au jour.

L'auteur du Factum fait en Provence, s'estoit contenté d'alleguer Page 11 de la
premiere partie.
que *le sieur de Caille Pere estoit sorty en 1685. hors du Royaume pour
cause de religion ;* ce motif a paru trop simple, on en suppose qui sont
d'une bien plus grande consequence.

Le *sieur de Caille pere avoit,* dit-on, *de secrets engagemens avec des
Puissances estrangeres ennemies de la Couronne de France : la juste crainte
où il estoit d'estre surpris sur les liaisons étroites qu'il avoit avec des
Princes Protestans, luy fit feindre d'aller à ses terres ; il prevint de quelques jours la Publication de l'Edit de 1685. qui revoqua l'Edit de Nantes,
& sortit brusquement de Provence avec un masque sur le visage.*

Où est la preuve de tous ces faits ? il n'y en a pas la moindre dans
le Procés ; on y voit que *le sieur de Caille pere sortit du Royaume en
1685. aprés la revocation de l'Edit de Nantes ;* l'imposteur en est convenu dans son premier Factum, on vient de le dire : *la dure , mais
indispensable necessité* où il se trouve de ne pouvoir avancer que des
mensonges devoit-elle le forcer d'imputer des *engagemens criminels*
à celuy dont il suppose avoir receu la vie ? Quand le fait seroit veritable, ce qui n'est pas, & ce que la conduite qu'a toûjours eu le

sieur de Caille pere, dément suffisamment ; s'il estoit son fils devroit-il, pouroit-il mesme le divulguer.

Une preuve invincible que l'imposteur n'est point ce fils ; c'est la malice avec laquelle on le voit sans fondement, sans necessité, sans la moindre preuve, accuser ce pere d'un crime dont il n'a jamais esté capable.

Au reste, *ces prétenduës liaisons avec les ennemis de l'Estat ; ce masque sur le visage que le sieur de Caille avoit,* dit-on, *quand il sortit de France,* sont des chimeres fantastiques qui n'ont jamais existé. Le Défendeur qui debite en vingt endroits de son Memoire de si belles maximes, qui dit que *la verité ne fut jamais prouvée par le mensonge, que ce seroit blesser sa pureté* ; convient donc que sa cause est déplorable, puisqu'au lieu d'employer de bons moyens pour la défendre, il a recours à la calomnie & à l'imposture.

On ne finiroit pas si l'on vouloit relever tous les faits de cette espece ; les Demandeurs ne s'y arresteront pas davantage, ils pouront dans la suite en choisir encore quelqu'autres des plus importans, & en montrer l'illusion, quant à present, ils vont s'attacher à expliquer la procedure faite à Toulon & à Aix, parce qu'elle sert à l'establissement de leurs moyens de cassation.

Aprés que le Défendeur eut esté presenté en 1659. à Monsieur de Vauvray Intendant de la Marine, qu'il luy eust dit qu'il estoit fils du sieur de Caille ; qu'il eut fait abjuration en cette qualité ; Monsieur de Vauvray connut qu'il avoit esté trompé, il le fit arrester, & par ordre du Roy l'imposteur fut remis au Juge de Toulon pour luy faire son procés.

Page 14. du Factum de l'imposteur. On prétend *qu'on n'oublia rien dés lors pour tâcher de le faire passer pour deserteur , & le faire perir par un Jugement militaire ; mais qu'il rencontra pour son bonheur parmi les Officiers de Marine , des personnes integres & éclairées, qui eurent la genereuse charité de le proteger.* C'est un de ces faits que l'imagination a produit, il ne manque qu'un peu de vraisemblance ; pouvoit-on faire *passer pour deserteur* un Soldat qui n'avoit point deserté, & qui estoit encore actuellement sur les Vaisseaux, a t'on besoin d'une *genereuse protection,* pour n'estre pas condamné, quand on n'est, & qu'on ne peut estre accusé, on feroit trop d'honneur à de pareilles chimeres , si l'on s'arrestoit à les combattre.

Dés que le Deffendeur fût dans les Prisons de Toulon , il demanda d'être *élargi pour vaquer à ses affaires ,* sur sa Requeste on ordonna *qu'il subiroit interrogatoire.*

On y proceda les 19. 20, & 22. du même mois, il répondit d'une maniere si vague, si adroite & si fausse, que cette seule piece suffit

& pour établir incontestablement, qu'il est un insigne imposteur.

Cet Interrogatoire a esté imprimé avec des reflexions, il a esté *Premier Sac M.* distribué à tout le Conseil, on en parlera dans la suitte.

Ce Juge ordonna le 27 Juin 1699. que cet Interrogatoire seroit *signifié au sieur de Caille pere, aux proches parens, & à ceux qui possedoient les biens de la famille, pour venir avoüer ou desavoüer le Deffendeur, & accorder ou discorder ses prétentions.*

Ces significations furent faites à la Requeste du Deffendeur, il *10. Sac T.* n'avoit point encore de Partie; la Dame Rolland & le sieur Tardivy, conclurent ensuite à ce que *le soldat fut debouté de ses demandes aux protestations, que s'il persistoit à se dire le fils du sieur de Caille, ils le poursuivroient criminellement comme Imposteur*, le 16 Septembre suivant Sentence intervint, qui *sans préjudice du Droit des Parties, & Ibid. 3. des preuves du Procez, permit au Deffendeur de se faire traduire à Manosque, & ailleurs pour y estre vû de toutes les personnes qu'il requereroit pour l'avoüer & le reconnoître.*

La Dame Rolland en interjetta *appel*, Elle & le sieur Tardivy *Iibd. &* presenterent deux Requêtes *afin d'estre reçûs Accusateurs*, contre le Deffendeur : Cela leur fût accordé aussi bien, que la permission de *faire informer de la supposition de nom*; on informa, & sur l'information le Juge ordonna, *que le Deffendeur seroit écroüé.*

Celui-ci pour embarasser la procedure, presenta deux Requêtes *13. Sac R.* les 21 & 27. Novembre tendantes, à ce *qu'il lui fut permis de faire 10. Sac M. M. entendre les témoins, qui se trouvoient actuellement à Toulon : & qui disoient, qu'il estoit le fils du sieur de Caille; que le Juge de Forcalquier ou autre Juge de Manosque, fussent commis pour proceder à l'execution de la Sentence du 16 Septembre, & que les Demandeurs consignassent les frais de la descente,*

Ces deux Requêtes furent *renvoyées en Jugement*, c'est-à-dire, *10. Sac F. F.* à l'Audiance, on plaida le 2 Decembre, & par Sentence elles furent *jointes* à la Procedure Criminelle.

Le Soldat, qui vouloit empêcher qu'on ne la continuât, s'estoit dés la veille pourveu au Parlement d'Aix, & y avoit demandé à estre reçû *Appelant des deux Ordonnances du Juge Criminel de Toulon des 21 & 27. Novembre precedent, & de tous les decrets decernez contre luy.*

Le deux, il releva cet *appel*; Le trois, il obtint sur sa Requête *13. Sac A. A.* du premier une Ordonnance de la Cour, portant *Injonction au Geolier des Prisons de Toulon, de le traduire aux Prisons d'Aix*; & en vertu de cette Ordonnance, on le vint enlever de Toulon.

Le quatre, les Demandeurs fournirent de reponses à la Requête *10. Sac 7. X.* du premier, ils s'y plaignirent de cet enlévement contraire à l'Or-

donnance, & conclurent, à ce que la *Procedure Criminelle fut conti-*
nuée à Toulon; Le Soldat y répondit, & demanda même par Requête du seize à estre receu, *opposant à l'Arrest du 30 Juin 1690. qui*
avoit ordonné, que la Dame Rolland, & la deffunte Dame Tardivy se-
roient mises en possession des biens Delaißes par ledit sieur de Caillé
lorsqu'il estoit sorti du Royaume.

On ordonna, que les Charges & Informations seroient aportées
au Greffe de la Cour; cela fut fait & sur le tout Arrest,intervint le
13. Janvier 1700. par lequel la Cour *donna Acte au Défendeur de l'op-*
position par luy formée à l'Arrest du 30. Juin 1690. & ordonna qu'il
seroit remené dans les Prisons de Toulon, pour luy estre son procés fait
& parfait, JUSQU'A SENTENCE DEFINITIF INCLUSIVEMENT.

En Exécution de cet Arrest, il fut transferé à Toulon; on y proceda au *Récollement* & à la *Confrontation* des Témoins; les Demandeurs y prouverent qu'il n'estoit point le fils du sieur de Caille, &
qu'il estoit Pierre Mege du Lieu de Joucas, Cardeur de Profession,
fils de François Mege, Forçat de Galere & de Marie Gardiolle,
qu'il avoit esté enrollé plusieurs fois sur les Galéres, & plusieurs
autres faits de pareille espece.

Sur ce Procés Criminel où les Gens du Roy conclurent, contre
l'imposteur à la mort, Sentence intervint le 8. Mars 1700. par laquelle
il fut ordonné qu'avant de proceder au Jugement du procés, les Par-
ties feroient juger les appellations respectivement interjettées des Sen-
tences des 16. Septembre & 2. Decembre 1699. pour aprés estre procedé
au Iugement définitif s'il y écheoit.

Les Demandeurs releverent appel, tant de ces deux Sentences
que de celle du 8. Mars 1700. le Défendeur demanda à estre receu
appellant de toute la procedure de Toulon.

L'affaire en cet estat, Arrest intervint le 18. Juin 1700. par lequel
la Cour sans préjudice du droit des Parties au principal, & des
preuves resultantes du Procés, permit au Défendeur de prouver dans
trois mois par toutes sortes de preuves qu'il est Isaac de Brun de Caille,
fils de Scipion de Caille sauf la preuve contraire.

Cet Arrest ne décidoit rien, & laissoit les Parties dans leurs droits,
on y avoit fait expressément mention que ce qui estoit ordonné,
ne pourroit nuire, ni préjudicier aux preuves que les Demandeurs avoient
déja faites; que ce fils estoit mort, que le Soldat n'estoit pas le fils
du sieur de Caille, mais qu'il estoit veritablement Pierre Mege, on
ne crut donc pas qu'il y eut le moindre danger de l'executer.

Les Demandeurs presenterent le 25. une Requeste, par laquelle
ils demanderent, qu'il plût à la Cour *commettre des Officiers in par-*
tibus hors la Monarchie, pour prouver devant eux les faits qu'ils

avoient articulez, & dont la preuve avoit déja esté faite en Suisse, & ne pouvoit estre faite ailleurs : Cette Requeste fut jointe au procés par Arrest du 28. Juin ; *pour en jugeant y avoir tel égard que de raison.*

Les Parties firent ensuite proceder à leurs Enquestes, & publier des Monitoires.

Le 30. Mars 1705. les Demandeurs qui avoient appris que le Parlement de Provence avoit commis les sieurs Carnaud & Gassendy pour aller à Bâle verifier si le Chevalier de Cormis qu'on disoit avoir esté assassiné par les sieurs de Saint Antonin, estoit comme on l'alleguoit dans les troupes de l'Empereur, presenterent une Requeste, *à ce qu'ils fussent en mesme temps commis pour verifier en passant à Lausane & à Vevay, si le fils du sieur de Caille y avoit esté veu és années 1691. 1692. 1693. 1694. 1695. & jusqu'au 15. Fevrier 1696. Si ce fils estoit mort ce jour-là à Vevay ; si pendant son séjour à Lauzane & à Vevay, il estudioit aux Mathematiques ; si on tenoit des Registres mortuaires ; à Vevay & si les procedures faites dans ces deux Villes produites au procés, estoient aux Greffes ou Chancelleries desdits lieux, pour en jugeant y avoir tel égard que de raison, sans retardation du jugement du Procés.*

Cette Requeste fut répondüe d'un *soit montré au Procureur General & à Partie ;* l'imposteur y répondit. Sur les Requestes respectives, le Procureur General donna des conclusions favorables aux demandeurs ; le tout fut remis entre les mains du Rapporteur, qui ayant éludé d'en rendre compte à la Cour, donna le temps aux Sieurs Carnaud & Gassendy de revenir en France, aprés quoy il rendit aux Demandeurs leur Requeste qui se trouve néanmoins *visée* dans l'Arrest, avec la *Requeste contraire & la récharge.*

Enfin, aprés une infinité de procedures dont on ne parle pas, parce qu'elles sont inutiles pour la décision de la demande en cassation, le procés fut jugé le 14. Juillet 1706.

L'Arrest *declare nulle & casse toute la procedure faite à Toulon,* que les Juges ne virent point, & ne voulurent pas voir, (ce fait est constant & reconnu par la Partie adverse) *il déboute la Dame Rolland & le sieur Tardivy des Requestes par eux presentées, & notamment de celle du 25. Juin 1700. il declare André d'Antreverges estre le veritable Isaac de Brun de Castelane fils de Scipion de Brun de Castellane & de Judith le Gouche ses pere & mere ; il luy adjuge tous les biens de ses pere & mere, avec la restitution des fruits depuis le 16. Decembre 1702. il ordonne que sur des Requestes du Défendeur, tendantes à faire informer contre Monsieur Rolland & consorts, sur la subornation de témoins, calomnie, corruption de domestiques, faussetez, empoison-*

nement, & en dommages & interests ; il en pourfuivroit les fins aux Chambres affemblées ; il decrette de prife de corps, d'ajournement perfonnel & d'affigné pour eftre ouy ; ceux des témoins entendus à la Requefte des Demandeurs, qui avoient rapporté & prouvé des faits qui eftabliffoient clairement l'impofture du Défendeur ; & ordonna que les facs & les Pieces des Parties refteroient au Greffe de la Cour, jufqu'à ce qu'autrement en eut efté ordonné.

Avant la fignification de cet Arreft, l'impofteur qui s'eftoit engagé longtemps auparavant d'époufer la Damoifelle Serry coufine de Monfieur de Villeneuve d'Anfouïs Confeiller au Parlement, & de Monfieur le Prefident de Maliverny, gendre de Monfieur Boyer Rapporteur, s'aquitta de fa promeffe & l'époufa le 7. Aouft 1706.

D'un autre cofté Honorade Venelle qui avoit époufé en 1686. le Défendeur, declara le 7. Janvier 1707. pardevant Notaires à Aix, que *Celuy que le Parlement avoit declaré le fils du Sieur de Caille eftoit Pierre Mege fon veritable mary ;* elle fit des proteftations autentiques contre le mariage qu'il avoit nullement & abufivement contracté avec la Damoifelle Serry ; le Défendeur demanda le 18. Janvier permiffion de faire informer contre elle de la prétenduë calomnie, & fur le champ fans information, fur une fimple Requefte, le Parlement la decretta *de prife de corps.*

Produit au Confeil par les Demandeurs. O

Enfin par Arreft du Confeil du 31. Janvier 1707. la demande en caffation fut receuë, il fut permis aux Demandeurs de faire affigner la Partie adverfe, & ordonné que toutes les procedures & Pieces, tant du procés civil que du procés criminel, fur lefquelles l'Arreft du 14. Juillet 1706. eftoit intervenu, enfemble celles faites depuis ledit Arreft feroient inceffamment apportées au Greffe du Confeil.

En vertu de cet Arreft le Défendeur a efté affigné, les procedures ont efté apportées ; l'Inftance a efté diftribuée à M. Laugeois d'Imbercourt, les Parties y ont écrit & produit : c'eft l'eftat où fe trouve à prefent le procés.

Ce qu'ils ont dit n'eft pas tout-à-fait femblable à ce que dit le Défendeur dans fon Avertiffement & dans les vingt-quatre premieres pages de fon Factum, il y a deguifé ou fupprimé adroittement tout ce qui pouvoit luy faire de la peine ; il a inventé ou tourné à fon avantage tout ce qu'une fubtile défenfe peut fuggerer ; les Demandeurs ne relevent point icy tous les endroits qui pouroient meriter des reflexions ; ils fe font contentez de ne rien dire qui ne fût conforme aux Pieces ; c'eft ce qu'ils avoient d'abord promis de faire, & c'eft ce qu'ils feront dans la feconde Partie en expliquant leurs moyens.

SECONDE PARTIE

Moyens de caſſation contre l'Arreſt du Parlement d'Aix.

Avant de propoſer ces Moyens, il eſt à propos d'expliquer quelques faits, qui détruiront d'abord les idées favorables qu'on a d'ordinaire pour les déciſions des Cours Superieures, & qui feront voir que ſi le Défendeur a pour luy un Arreſt contradictoire, il ne le doit pas à la Juſtice de ſa cauſe.

Le premier de ces faits, c'eſt que toutes les fois que l'affaire a paſſé devant les Gens du Roy, leurs concluſions qui n'ont eſté données qu'aprés avoir examiné tout le Procés, ont toûjours eſté favorables aux Demandeurs.

2°. De vingt & un Juges qui ont opinés au procés, quatre furent d'avis *de declarer le Soldat atteint & convaincu de ſuppoſition de nom & de perſonne* : Cinq conclurent à ce qu'*il fût fait en Suiſſe une plus ample preuve devant des Officiers* in partibus, *de la mort du fils du ſieur d. Caille*, conformement aux Requeſtes des 25. Juin 1700. & 30. Mars 1705. & aux requiſitions des Gens du Roy ; les quatre premiers revinrent à cet avis ; il y eut donc neuf Juges qui furent perſuadés que le Soldat n'eſtoit point le fils du ſieur de Caille.

Des 12. autres qui formerent l'Arreſt, Meſſieurs de Coriollis, de Maliverny, Boyer & de Villeneuve d'Anſoüis devoient s'abſtenir d'y opiner.

M. le Preſident de Coriollis, & M. Boyer Rapporteur ont perdu deux procés au Parlement de Grenoble, où M. Rolland a l'honneur d'eſtre Avocat General ; ils ont prétendu qu'il avoit ſollicité contre eux, ils ont opiné contre ſon épouſe.

M. le Preſident de Maliverny qui a épouſé la fille de M. Boyer Rapporteur du procés, & M. de Villeneuve d'Anſoüis Conſeiller, ſont parens au degré de l'Ordonnance de Madelaine Serry, qui le 7. Aouſt 1706. quatre jours avant que l'Arreſt du 14. Juillet eut eſté ſignifié, a épouſé le Défendeur. C'eſt un fait dont ils ſont convenus dans les réponſes qu'ils firent à un Acte que M⁰. Rolland leur fit ſignifier le 10. Octobre 1706.

Produit au Conſeil, cotte I.

Le Défendeur prétend, *qu'ils n'ont point dû s'abſtenir*, parceque *le mariage n'eſtoit pas encore contracté lors de l'Arreſt, & que c'eſt une preſomption quaſi prophetique, pour ne pas dire viſionnaire, ou une préviſion métaphyſique qui n'a aucun fondement de dire, que cette alliance eut eſté concertée avant l'Arreſt.*

Fol. 19 de ſon avertiſſement, page 25. de ſon Factum.

On convient que le mariage de l'impoſteur avec la Damoiſelle

Serry n'a esté contracté que 23. jours aprés l'Arrest, & quatre jours avant qu'il eust esté signifié ; mais on a beau nier qu'il n'ait pas esté concerté auparavant, on ne le persuadera jamais.

En effet *la Demoiselle Serry* (on l'a dit à la page 5. du premier des trois Memoires qu'on distribua pour le Deffendeur lors de l'examen de la Requeste en cassation) *engagea ses pierreriës dés 1701 pour fournir aux frais de l'Enqueste.* Sa mere fit plusieurs voyages à Aix & y resta pendant tout le temps que le Procés fut sur le Bureau. Le sieur Serry dans la procuration du 22. Juillet 1706. passée par luy à Boudon son beau frere pour s'obliger *au payement du restant de la levée & de l'expedition de l'Arrest*, déclara que *c'estoit sans prejudice des sommes & autres fournitures qu'il avoit avansées* ; auroit-il fait ces *avances* & payé les épices de cet Arrest qui vont à 12000. livres ; auroit-il souffert que sa femme eut quitté les soins de son menage, & que sa fille eut mis en gage ses diamans, si le mariage n'eut pas esté concerté, & ne seroit-on pas surpris que le Deffendeur osast disconvenir d'un fait aussi constant, si l'on ne sçavoit pas que l'imposture ne peut se soutenir que par des suppositions & des mensonges.

Il prétend encore que *les Demandeurs devoient recuser ces Juges,* il l'eussent fait s'ils avoient sçû que leur parente estoit promise à l'imposteur ; mais l'Ordonnance a prévû la réponse qui doit estre faite à cette foible objection, elle porte que *les Juges qui sçauront une cause valable de récusation en leur personne seront tenus* de s'abstenir, Messieurs de Malvierny & de Villeneuve, ne pouvoient pas ignorer qu'ils estoient valablement *recusables.* Les Demandeurs ont donc raison de se plaindre de ce qu'ils ont connu d'une affaire sur l'évenement de laquelle l'établissement de leur Cousine estoit fondé depuis longtemps.

Un troisiéme fait, c'est que pendant le cours du Procés on a trouvé le moyen de rendre inutiles des Requestes que les Demandeurs avoient présentées pour constater la verité de certains faits qui décidoient la question.

On a parlé dans la premiere partie de ce factum d'une Requête du 30. Mars 1705. *à ce qu'il plut à la Cour commettre les sieurs Carnaud & Gassendy pour vérifier en passant à Lauzanne & à Vevay ce qui résultoit des Procedures faites en Suisse.* Elle fut réponduë & signiffiée, le Deffendeur en fournit une contraire, les deux furent communiquées au Parquet, les Gens du Roy donnerent des Conclusions favorables ; quel en fut le fruit ? on en éluda le rapport, les sieurs Carnaud & Gassendy revinrent en France, & on la rendit, comme devenuë inutile par leur retour, elle n'auroit pas eu le même

fort fi la vérification demandée eut pû eftre favorable à l'impofteur.

Il veut à la page 29. & à la 58. de fon Factum excufer ce dény
de Juftice, *cette Requefte*, dit-il, *eftoit inutile puifque celle du 25.*
Juin 1700. avoit efté renvoyée pour y eftre fait droit en jugeant.

Mais fi la Requefte du 25. Juin 1700. rendoit inutile celle du 30.
Mars 1705. la Cour ne devoit point recevoir cette derniere ny la
répondre d'un *foit communiqué*, il ny avoit qu'à la refufer dés qu'elle
fut prefentée ou la *joindre* au Procés comme on avoit joint la premiere, dés qu'elle a efté reçuë, & qu'elle a efté communiquée, qu'on
y a répondu par une Requefte contraire, qu'il y a eu fur l'une &
fur l'autre des Conclufions des Gens du Roy & des Requeftes de
recharge de part & d'autre, le tout devoit eftre raporté, & l'on
ne perfuadera jamais que dans les regles de la Juftice on ait pû
fe difpenfer de le faire.

L'impofteur prétend encore que *les fieurs Carnaud & Gaßendy* Page 29. de fon Factum.
eftoient de fimples particuliers fans aucun caractere de Magiftrature
qui par confequent ne pouvoient faire aucune preuve juridique; mais
pourquoy s'ils n'avoient aucun *caractere*, la Cour les commit-elle
pour vérifier fi le Chevalier de Cormis eftoit vivant.

Enfin on allegue que *les Demandeurs ont d'autant moins raifon de* Ibid. page 59.
fe plaindre du procedé de Monfieur Boyer par rapport à cette Requefte
que la coppie avec la Requefte contraire fe trouve vifée dans l'Areft dé-
finitif.

Et c'eft cela même qui découvre quel a efté le crédit de l'impofteur. *Cette Requefte eftoit* dit-on *inutile.* Les Demandeurs n'en
conviennent pas mais indépendamment de la qeftion de fçavoir fi elle
eftoit utile ou non, il eft toujours certain *qu'elle avoit efté renduë, qu'on*
ne l'avoit pas voulu rapporter, qu'on n'en a pas dit un mot dans le rapport du Procés On ne l'a donc vifée que pour infinuer fauffement
que les Demandeurs en avoient efté déboutez par l'Areft du 14.
Juillet 1706. il n'eft pas befoin de plus amples reflexions, on en a dit
affez pour porter le Confeil à faire celles qu'il jugera neceffaires.

Il faut à préfent établir les moyens de caffation. Premier Moyen de caffation.

Le premier eft fondé fur ce que cet Areft eft contraire à la difpofition de l'Article 14. du titre 20. de l'Ordonnance de 1667. en
ce qu'il n'a eu aucun égard aux preuves que les Demandeurs avoient
rapportées de la mort du fils du fieur de Caille lefquelles eftoient conformes à cette Ordonnance.

Pour rendre ce moyen fenfible, il faut obferver que le point décifif
du Procés eftoit de fçavoir fi le fils du fieur de Caille refugié en Suiffe
pour caufe de Religion, eftoit mort à Vevay le 15. de Février 1696.

car si ce fait est véritable comme il ny a pas moyen d'en douter il est évident que le Deffendeur qui se dit estre le fils du sieur de Caille est un imposteur.

L'Ordonnance de 1667. admet deux sortes de preuves du decés; l'article 7. du titre porte *que les preuves en* SERONT *reçuës par des Registres en bonne forme qui feront foy & preuve en Justice.*

L'Article 14. dit que si *les Registres sont perdus & qu'il n'y en ait jamais eu, la preuve du decés en* SERA *reçûe, tant par titres que par témoins.*

Les Demandeurs pour prouver que le fils du sieur de Caille estoit mort à Vevay le 15. Février 1696. n'ont pu rapporter un extrait mortuaire, parce que dans la Ville de Vevay on ne tient point de Registres publics des enterremens.

Produit 10. Sac E. E.
Ce fait est prouvé au Procés par un Certificat du Bailly de Vevay du 7. Juin 1700. *legalisé* par *Ladvoyer* & le Conseil de la Ville & Republique de Berne *& certiffié* par M. DEPUISIEUX Ambassadeur de France en Suisse qui a même déclaré *qu'il avoit esté expedié à sa requisition & qu'il est dans la forme ordinaire du Païs.*

Ils ont eu recours à la preuve dont il est parlé en l'article 14. du titre 20. de l'Ordonnance de 1667. & jamais il n'y en eut de plus complette.

Produit 10. Sac L L. L. & premier Sac P. 10 Sac D. E. & 7. K.
Outre plusieurs Lettres du sieur de Caille père dont il y en a même qui sont écrittes dés le mois de Mars 1696. outre des procurations & des Déclarations autentiques par lesquelles *ce père a affirmé que son fils est mort sous ses yeux le 15. Février de ladite année & qu'il a accompagné le corps au Sepulchre.* Les Demandeurs ont

Ibid. 6 f. 6 g. s. & h 6.
encore rapporté trois déclarations judiciaires faites par les Damoiselles le Gouche tantes maternelles du défunt & par la Dame du Lignon sa tante paternelle.

Ibid. a,
Ils ont produit un Certificat du Commandeur & Conseil de Vevay du 15. Avril 1695. tel qu'il se pratique en Suisse pour assurer la verité d'un decés.

Ibid. c
Et pour la rendre incontestable, ils ont rapporté deux procedures faites l'une à Vevay le 27. Avril 1699. devant le *Lieutenant Baillival & Chastelain* du lieu, dans laquelle le Juge reçut les sermens & les déclarations de 12. personnes qui *toutes ont affirmé & attesté la verité de ce decés & qui ont connu & frequenté le sieur de Caille fils vendant sa vie.*

Ces témoins, sont le Ministre qui l'assista à la mort, les Medecins, Chirurgiens & Apotiquaire qui l'ont traité pendant sa derniere maladie, l'hôte chez lequel il logeoit lors de son decés, le Menuisier qui a fait sa biere, la femme qui l'a gardé & ensevely, enfin ceux qui l'ayant connu pendant sa vie, ont assisté à son enterrement rien n'est plus précis & plus positif.   L'autre

L'autre procedure est faite à Lauzanne les 17. 18. & 19. May 1699. elle est composée de 19. témoins, plusieurs desquels avoient une connoissance certaine de la mort de ce fils, il y en a même qui en ont esté les temoins oculaires.

Ces deux procedures sont legalisées par le Conseil de Berne & certifiées par Monsieur l'Ambassadeur de France qui a déclaré nonseulement dans sa certification; mais encore par un Acte particulier du 17. Mars 1700. *que ces procedures luy avoient esté envoyées par les Souverains de Berne, qu'elles estoient en la forme usitée en Suisse, qu'elles devoient faire foy dans les Tribunaux de France, suivant les Traitez d'Alliance faits entre le Roy & le Corps Helvetique; & enfin que s'estant luy-même enquis de la verité de cette mort, elle luy avoit esté confirmée par des gens dignes de foy comme un fait constant & notoire.*

Le Parlement d'Aix a negligé cette preuve que l'Ordonnance luy enjoignoit de recevoir. Il a jugé que le fils du sieur de Caille estoit vivant quoyque la preuve certaine de son decés fût au Procés, il a donc contrevenu à l'article 14. du titre 20. de l'Ordonnance de 1667.

L'imposteur pour excuser cette contravention, dit, 1°. *Que l'Arrest de ce Parlement n'est point dans le cas de l'Ordonnance qu'on vient de citer: que les Demandeurs n'ont point rapporté d'extrait mortuaire du fils du sieur de Caille, que s'ils en avoient produit un & que le Parlement de Provence n'y eust pas deferé, c'auroit esté un moyen de cassation;* cet aveu est important, le certificat du Bailly de Vevay du 15. Avril 1699. & les procedures faites en Suisse suivant l'usage qui y est observé équipolent à un extrait mortuaire, c'est l'unique maniere dont on y prouve un decés, le Parlement n'y ayant point déferé, l'Arrest qu'il a rendu ne sçauroit suivant le propre aveu de l'imposteur se soutenir, & puisqu'il convient que s'il y avoit un Extrait mortuaire & que le Parlement n'y eut pas deferé, ce seroit un moyen de cassation suivant l'Ordonnance, il est incontestable que la mort estant prouvée suivant l'usage observé en Suisse & de la seule maniere qu'elle le pouvoit estre, l'Arrest qui n'a point eu d'egard à cette preuve, doit estre également cassé.

2°. Le Deffendeur allegue *qu'il n'est pas croyable ny même vray-semblable qu'en Suisse, il n'y ait point de Registres mortuaires.*

Cela est neantmoins incontestablement prouvé par le *certificat du Bailly de Vevay du 7. Juin 1700 dont il a esté cy-devant parlé.*

3°. *Qu'on avoit promis par écrit de rapporter un Extrait mortuaire en bonne forme & que cependant on ne l'a pas fait.*

Il n'a jamais prouvé & ne prouvera jamais que les Demandeurs

C

Fol. 16. du Factum.

Fol. 20. de son Avertissement

Page 6. du Factum.

ayent *promis par écrit de rapporter un extrait*, & d'ailleurs, peuvent-ils en rapporter quand il eſt certain qu'il n'y a point de Regiſtres mortuaires à Vevay.

1; Sac trois 3. S.

Le Deffendeur a ſoutenu dans le Procés qui a eſté jugé au Parlement d'Aix, qu'il y en avoit en Suiſſe, & il a rapporté un certificat des Magiſtrats de Morges (c'eſt une petite Ville du Canton de Berne) du 7. Septembre 1700. portant qu'*il y avoit à Morges & ailleurs des Regiſtres mortuaires.*

10 Saç ſix 6 M. M.

Ce certificat ne diſoit point qu'il y en avoit en 1696. le Defendeur en tira cette induction: les Demandeurs ont produit un autre certificat des mêmes Magiſtrats de Morges du 4. Avril 1704. contenant que *les Regiſtres mortuaires dont ils avoient parlé* dans le premier *n'avoient commencé chez eux qu'en* 1697. *& qu'ils n'avoient jamais entendu déclarer qu'il y en eût auparavant,* & ils ont ajouté que *ce qui ſe paſſoit chez eux ne pouvoit pas eſtre tiré à conſequence pour les autres lieux du Pays auſquels on devoit s'adreſſer.*

Fol. 21 de ſon Avertiſſement & Page 11 du Factum. Ibid.

L'impoſteur dit en quatriéme lieu que *l'artile* 14. *de l'Ordonnance de* 1667. *ne dit pas abſolument qu'au deffaut de Regiſtres publics on ſera tenu de prouver par titres & par témoins un decès, mais qu'il dit ſeulement, on poura le prouver par titres & par témoins;* or dit il, *ce terme facultatif (poura prouver) reſerve la preuve contraire:* ainſi en l'eſpece de la cauſe, le Deffendeur ayant fait voir par ſa préſence perſonnelle qu'il n'eſtoit pas mort, les Juges ont pû ſans contrevenir à l'Ordonnance n'avoir aucun égard aux preuves que les Demandeurs rapportoient du decés du fils du ſieur de Caille, joint à cela que *les certificats & les procedures faites en Suiſſe eſtoient faites hors le Procès ſans la partie intereſſée & ſans l'Ordonnance des Juges juridiquement ſaiſis de la matiere & ne pouvoient par conſequent faire foy en juſtice.*

Il eſt aiſé de luy répondre, l'article 14. de l'Ordonnance ſe ſert de termes *imperatifs,* comme l'article 7. ſi *les Regiſtres ſont perdus ou qu'il n'y en ait jamais eu (c'eſt l'eſpece de la cauſe, la preuve du decès en* SERA *reçuë, tant par titres que par témoins.* L'Ordonnance ne dit pas comme on le ſuppoſe que *la preuve en poura eſtre reçuë* mais elle ordonne qu'*elle* SERA *reçuë,* les Juges ſont donc indiſpenſablement obligez de la recevoir, & s'ils ne la reçoivent pas, ils contreviennent à la diſpoſition de l'Ordonnance.

Le même article ajoute à la verité que *le decés poura en ce cas eſtre prouvé tant par les Regiſtres des Peres & Meres decedez que par témoins ſauf à la partie à vérifier le contraire,* cette faculté qu'on donne aux parties, regarde la maniere de faire les preuves, mais elle ne regarde pas les Juges qui lorſque ces preuves leur ſont rapportées doitent neceſſairement & indiſpenſablement y avoir égard.

C'eſt une illuſion de dire que *l'Ordonnance permettant aux Deffen-deurs de rapporter la preuve contraire*, le Parlement d'Aix a pu ne faire aucune attention ſur la preuve de la mort que les Demandeurs rapportoient : attendu que la préſence perſonnelle du Deffendeur prouvoit qu'il éxiſtoit & par conſequent qu'il n'eſtoit pas mort : car c'eſt juſtement employer pour la déciſion, ce qui fait la matiere de la queſtion ; un impoſteur qui ſe ſuppoſe eſtre ce qui n'eſt pas, ſoutient toûjours *par ſa préſence réelle* ſon impoſture ; la queſtion n'eſt pas s'il exiſte, mais ſi celuy pour lequel il ſe ſupoſe eſt éxiſtant ; ſi la mort de celuy pour lequel il veut paſſer eſt alleguée, on doit examiner d'abord les preuves qui en ſont rapportées, parce que ſi elles ſont trouvées ſuffiſantes, il n'y a plus de Procés, & l'impoſture eſt certaine : celles que les Demandeurs rapportent de la mort du fils du ſieur de Caille ſont *concluantes*; le Parlement d'Aix n'a donc pu ſe diſpenſer d'y déferer.

Page 21 du Factum.

5° L'impoſteur prétend, *qu'il ne s'agiſſoit pas au procés de ſçavoir ſi le fils du ſieur de Caille eſtoit mort ou non*, & que ce n'eſtoit qu'une *exception de la Dame Roland pour deffendre à la queſtion principalle qui eſtoit uniquement de juger ſi l'impoſteur eſtoit fils du ſieur de Caille ou s'il ne l'eſtoit pas.*

Il ne faut qu'un peu d'attention pour eſtre convaincu que la principalle queſtion du procés eſtoit de ſçavoir, *ſi le fils du ſieur de Caille eſtoit mort*; car ſi ſon decés ſur lequel principalement les Demandeurs avoient fondé leur accuſation *en ſuppoſition de nom*, eſtoit veritable le procés eſtoit jugé, le Deffendeur ne pouvoit eſtre ce fils, il eſtoit conſtament un impoſteur : en ce cas la prétendüe *exiſtence* ne pouvoit eſtre qu'une exception ou deffence à l'acuſation & ne devoit eſtre examinée qu'aprés la preuve de la mort qui eſtoit le fondement de l'acuſation.

Mais quand on voudroit ſuppoſer que la mort n'eſt qu'une exception à la prétendüe *exiſtence*, ce qui n'eſt pourtant pas, cette exception eſtant peremptoire, la preuve en devoit eſtre toûjours examinée avant celle de la prétendüe *exiſtence*.

Deux eſpeces auſquelles on en adjoûteroit s'il en eſtoit neceſſaire vingt autres, établiront cette vérité ; on demande le payement d'une obligation, d'un Contrat ; le Deffendeur oppoſe une quittance, le Demandeur prétend qu'elle eſt fauſſe : ne ſeroit-il pas ridicule d'examiner d'abord la preuve de la demande & de juger que l'obligation, que le Contrat ſont dus, parce que les Juges auroient trouvé la demande établie ſur des piéces qui leur auroient parûs

& qui eſtoient en effet authentiques ? Ne conviendra-t-on pas
qu'il faut d'abord examiner la verité de la quittance, qui n'eſt cependant que la preuve de l'exception, & que ſi cette quittance ſub-
ſiſte, la demande & les pieces qu'on rapporte pour l'eſtablir, ne
ſont d'aucune conſideration.

Un homme veut faire juger un procés, on luy oppoſe une Tranſaction, il la ſoûtient nulle ou fauſſe, la Tranſaction n'eſt produite
que comme une exception, il en faut pourtant juger prealablement
la validité; il eſt donc évident que lorſqu'on propoſe une exception peremptoire, l'examen de la preuve de l'exception, doit pré-
ceder celuy des preuves de la demande principale. De ce qu'on
vient de dire, il ſuit qu'en matiere de ſuppoſition de nom, dés
que la mort de celuy pour lequel on ſe ſuppoſe eſt alleguée, ſoit
qu'on la prenne comme queſtion principale ou comme exception : il
faut abſolument que la preuve qu'on en rapporte ſoit examinée
avant que de paſſer à celle de l'exiſtence. C'eſt ainſi qu'on en uſa
dans l'affaire de Jean Maillard, il rapportoit des preuves litterales
qu'il exiſtoit, cependant il fut obligé de paſſer à l'inſcription de
faux contre le Certificat qu'on produiſoit de ſon prétendu decés,
ſans cela le Parlement de Paris, tant que cette preuve de ſa mort euſt
ſubſiſté, n'auroit point receu celles de ſa vie.

Comme c'eſt icy une des principales queſtions du Procés, le Défendeur fait tous ſes efforts pour faire voir que la preuve de la prétenduë exiſtence doit eſtre preferée à celle de la mort.

Il allegue que *la preuve de la mort eſt negative & toûjours incertaine,
& qu'ainſi celle de l'exiſtence doit l'emporter.*

Il ne faut pas de grands efforts pour perſuader le contraire, la
Page 28. de ſon Factum. preuve de la mort eſt toûjours réelle & affirmative, l'Extrait mortuaire ou la dépoſition des témoins aſſurent la verité du decés, elle
eſt plus forte que les preuves teſtimoniales qu'on rapporte de l'exiſtence, qui ne ſont preſque jamais fondées que ſur des idées incer-
taines auſquelles on ne doit jamais avoir égard.

En vain l'Impoſteur prétend que *les Juges qui avoient permis au
Défendeur de prouver qu'il étoit le fils du ſieur de Caille, ſauf aux De-
Ibid. mandeurs à prouver le contraire; ont pu choiſir entre ces deux preuves,
& s'étant determinez pour celle qui leur a paru la plus forte, qui étoit
celle de l'exiſtence, ils ont pu negliger toutes les autres ſans contrevenir
à l'Ordonnance.*

Car quand l'Arreſt du 18. Juin 1700. permit au Défendeur de
prouver qu'*il eſtoit le fils du ſieur de Caille, & à Partie de prouver
le contraire*, il reſerva toutes les preuves qui eſtoient déja au Pro-

és, celle du decés du fils du fieur de Caille eftoit faite, elle fut donc *refervée* par cet Arreft, & le Parlement de Provence n'a pû ny dû la rejetter.

Mais fuppofons qu'il eût pû choifir entre toutes les preuves qui eftoient au Procés, les Demandeurs foutiennent que c'eft la plus cruelle de toutes les injuftices d'avoir preferé celle de la prétenduë exiftence qui eftoit la plus foible & la plus équivoque, à celles que le fils du fieur de Caille eftoit mort, & que l'Impofteur eft Pierre Mege qui eftoient pleinement & parfaitement établies.

La preuve du decés eftoit la principale. Elle eftoit rapportée en la meilleure forme qu'il eftoit poffible de la rapporter fuivant l'ufage obfervé en Suiffe; elle eftoit litterale & teftimoniale: le Certificat du Bailly de Vevay eftoit authentique; on ne prouve point d'une autre maniere les decés qui y font arrivés, il eftoit auffi fort qu'un Extrait mortuaire.

Cette preuve eftoit d'ailleurs foutenuë par des Enqueftes compofées de gens qui avoient vû mourir le fils du fieur de Caille, qui avoient enfevely fon corps, qui l'avoient conduit au Sepulcre, elle eftoit complete.

La preuve que l'Impofteur eft Pierre Mege, fe tiroit principalement des enrollemens, des Actes authentiques qu'il avoit paffé, de la dépofition d'une infinité de témoins qui le connoiffoient & qui l'avoient toûjours frequenté depuis dix, quinze, vingt & trente années, de la procedure faite à Toulon, des aveus même de l'Impofteur & de la poffeffion où il eftoit, du nom, de l'eftat, de la femme, des biens de Pierre Mege, on n'en fçauroit trouver de plus convainquante, celle qu'il eftoit fils du fieur de Caille n'eftoit que teftimoniale, les deux autres qui eftoient litterales & teftimoniales, la détruifoient abfolument: Il n'eftoit donc pas permis au Parlement de Provence de la preferer aux deux autres, & fur tout à celle du decés.

Mais dit-on, *le Parlement a jugé que la preuve de la mort rapportée par les Demandeurs n'eftoit pas valablement faite* il n'a pû ny dû le juger ainfi; car outre qu'elle eftoit conforme à l'ufage obfervé en Suiffe, où le decés ne fe prouve point d'une autre maniere, & que le Certificat des Magiftrats de Vevay qui atteftoient la mort, tenoit lieu d'un Extrait mortuaire; c'eft que le Parlement n'auroit pû fur ce fondement rejetter la preuve rapportée fans fournir aux Demandeurs un nouveau moyen de caffation, en ce que, contre la difpofition précife du même Article 14. du titre fecond de l'Ordonnance de 1667. il auroit refufé aux Demandeurs

Page 29. du Factum de l'Impofteur.

2. Moyen de caffation.

C iij

la permission de faire d'une maniere autentique, la *preuve par témoins* d'un decés qu'il estoit indispensablement obligé de recevoir

Ibid.

Cela s'établit en deux parolles: *il ne manquoit à la preuve rapportée, si l'on en croit le Deffendeur, que d'estre faite d'autorité des Juges de France*, les Demandeurs avoient conclu par leur Requeste du 25. Juim 1700. à ce qu'*il leur fût permis de la faire d'autorité du Parlement.* Et qu'à cet effet *il plût à la Cour commettre des Officiers in partibus*; leur Requeste avoit esté reçûe & *mise au sac pour y avoir égard*, s'il en estoit besoin, l'Arrest du 14. Juillet 1706. les en *déboutte* ; le Parlement a donc refusé d'admettre & de recevoir une *preuve par témoins* d'un decés arrivé dans un lieu ou il n'y a point de Regisstre mortuaire, il n'a pas voulu permettre aux Demandeurs de la faire d'une maniere autentique ; les gens du Roy par leurs conclusions sur le Procés avoient même requis la preuve de cette mort & qu'il fût Commis des Officiers *in partibus* pour la faire ; l'Arrest n'a eu aucun égard ny à leur réquisition ny à la Requeste des Demandeurs, il est donc en ce chef de quelque maniere qu'on le veüille tourner absolument contraire à la disposition de l'Ordonnance.

Troisiéme Moyen de cassation,

Le troisiéme moyen de cassation est tiré de la contravention à l'article 3. du titre 7. de l'Ordonnance de 1670. en ce que le Parlement a déclaré le Deffendeur fils du sieur de Caille, sur une enqueste dont l'Ordonnance prononce précisement la nullité.

Pour comprendre la force de ce moyen il faut observer que l'article de l'Ordonnance qu'on vient de citer, porte que *les Monitoires ne contiendront point d'autres faits que ceux compris au Jugement qui aura permis de les obtenir à peine de nullité tant des Monitoires que de ce qui aura esté fait en consequence.*

Le Deffendeur fit publier son Monitoire en vertu de l'Arrest du 18 Juin 1700. par lequel le Parlement de Provence *sans préjudice du droit des Parties au principal & des preuves resultantes du Procés, luy permet de prouver par toutes sortes de preuves qu'il estoit Isaac de Brun*, & encore en vertu de l'Ordonnance du Parlement du 24 May 1702. qui ne luy permet de se pourvoir *par Monitoires & Censures Ecclesiastiques qu'aux fins des révelations sur son état seulement.*

Son Monitoire ne devoit donc comprendre que le seul fait énoncé dans l'Arrest & dans l'Ordonnance du Parlement, c'est à dire qu'*il estoit fils du sieur de Caille.*

Cependant on y en a inseré une infinité d'autres, comme par exemple, qu'il s'estoit supposé Pierre Mege, qu'*on avoit suborné ses témoins*, qu'on avoit corompu *ses domestiques* & qu'on l'avoit *voulu assassiner*.

En consequence de ce Monitoire il a fait entendre dans son Enqueste les témoins qu'il avoit préparez sur ces faits étrangers, & c'est sur cette Enqueste que le Parlement l'a *déclaré le veritable Isaac de Brun de Castellanne* & qu'aprés avoir ordonné par l'Arrest du 14. Juillet 1706. que sur les Requestes de l'imposteur par lesquelles il a pris des conclusions contre le sieur Rolland qui n'estoit point partie au Procés, *il en seroit deliberé les Chambres assemblées*, il a ordonné que le *Procés seroit fait au sieur Rolland & Consorts* & que pour jetter de l'ombrage sur la conduite & sur la procedure des Demandeurs, il a *decreté* plusieurs de leurs témoins sans aucun requisitoire ny de la partie civile, ny de la partie publique, or le Monitoire estant *nul, parce qu'on y a compris des faits non contenus dans les jugemens qui avoient permis de le publier*. Il suit necessairement qu'aux termes de l'article 3. de l'Ordonnance de 1670. l'Enqueste est nulle aussi-bien que l'Arrest rendu sur cette Enqueste, & tout *ce qui a esté fait en consequence*.

Le Deffendeur pour réponses à ce moyen allegue *qu'il ne pouvoit faire la preuve entiere de son estat, qu'en faisant la preuve des faits étrangers, qu'on vient d'expliquer, parce qu'une marque qu'il estoit le fils du sieur de Caille, c'est qu'on prenoit des précautions odieuses & criminelles pour le trahir & pour le perdre*.

Mais il n'est pas difficile de connoistre l'illusion de cette réponse, ces faits n'avoient nulle connexité avec celuy seul sur lequel il avoit obtenu permission de faire publier *Monitoire*, quand il seroit vray qu'il se seroit supposé Pierre Mege, qu'on eut *suborné ses témoins*, qu'on eut *corompu ses* prétendus *domestiques*, qu'on l'eut voulu assassiner : tout cela pouroit-il prouver qu'il est le véritable fils du sieur de Caille, & qu'il n'est pas un imposteur.

Il ajoute en second lieu que les Demandeurs ne sont plus recevables à se pourvoir contre ce qui a esté fait, parce qu'ils devoient se plaindre du Monitoire & des dépositions faites en consequence quand le Monitoire fut publié, ou que l'Enqueste leur eut esté signifiée.

Les Demandeurs l'ont fait aussi-tost qu'il a esté en leur pouvoir de le faire, dés que l'Enqueste leur eut esté signiffiée, & qu'ils virent que la plus grande partie des témoins déposoient de ces faits étrangers, pour lors ils firent leurs *protestations*, ils les ont *réiterées* dans toutes les écritures du Procés & soutenu que la procedure estoit nulle.

On ne doit pas dire que la parcelle du Monitoire contenant ces faits étrangers estoit jointe à la Requeste du 24. May 1702. qui permet le Monitoire, car cette parcelle n'a jamais esté jointe & n'a point esté communiquée, les Demandeurs n'ont eu connoissance de ces faits étrangers que par l'Enqueste.

C'est donc une supposition manifeste d'alleguer comme on fait qu'ils ont approuvé par leur silence des nullitez que leur approbation même, quand elle seroit veritable, ne pouroit jamais couvrir.

Le Deffendeur ne parle point dans ses écritures au Conseil ny dans son Factum d'une autre réponse qu'il a faite à ce moyen, dans le second Memoire qu'il fit distribuer lors de l'introduction de la Requeste en cassation : il y convient page 10. que ce moyen est le *plus raisonnable qu'il y ait dans la Requeste*, & pour y répondre, *il ne prétend à la page 13. que s'il y a quelque nullité dans le Monitoire, elle ne détruit pas l'Arrest définitif*, il ajoute que *la peine de nullité prononcée par l'Ordonnance ne regarde que le Monitoire & ce qui a esté fait en consequence, ce qui n'est*, dit-il, *autre chose que la publication du Monitoire & les révelations , mais tout le reste, c'est-à-dire, l'Enqueste & l'Arrest du 14. Juillet ne sont pas*, dit-il, *une consequence du Monitoire* d'où il suit que *les nullitez de la publication du Monitoire & des revelations ne sçauroit influer ny sur l'Enqueste, ny sur l'Arrest deffinitif.*

Voilà quelles sont ses réponses à l'objection qu'il trouve *la plus raisonnable qu'on puisse faire contre l'Arrest du 14. Juillet*, mais il est facile d'en faire voir l'illusion : il ne faut que jetter les yeux sur son Enqueste pour voir que tous les témoins qui y ont deposé des faits étrangers expliquez dans le Monitoire ne l'ont fait qu'en consequence des révelations qu'on leur avoit fait faire en vertu du Monitoire, les dépositions sont donc une suite & une consequence des révelations & du Monitoire, l'Arrest du 14 Juillet 1706. qui *déclare l'imposteur fils du sieur de Caille* , & qui luy permet de devenir l'acusateur de ceux qui l'avoient acusé, n'a esté rendu que sur ces *dépositions* & en consequence de ces *dépositions*, si donc le Monitoire est nul, *aussi bien que tout ce qui a été fait en consequence*, comme on n'en sçauroit douter suivant les termes de l'Article 3. du titre 7. de l'Ordonnance criminelle, les dépositions & l'Arrest définitif qui sont la suite & la consequence de ce Monitoire & des révelations sont également nuls & ne peuvent jamais se soutenir ; avec d'autant plus de raison, que l'imposteur avoit déja demandé permission d'informer des faits contenus dans ce Monitoire, & principalement de ceux de la prétenduë subornation laquelle luy avoit
esté

esté refusée, puisque les Requestes qui en contenoient la demande avoient esté jointes au Procés.

Le quatriéme Moyen de cassation est encore plus décisif, il est fondé sur la contravention à l'Article 4. du titre 20. de l'Ordonnance criminelle, en voicy les termes. *Après la confrontation des témoins, l'accusé ne poura plus estre reçû en Procés ordinaire, mais sera prononcé définitivement sur son absolution ou sur sa condamnation.* Quatriéme Moyen de cassation.

Les Demandeurs avoient fait *informer* de la supposition de nom & de personne, le Procés avoit *esté reglé à l'extraordinaire* par Sentences des 27. Novembre & 13. Décembre 1699. on commença de proceder au *recollement* & à la *confrontation* des temoins, l'acusé interjetta appel de la procedure, & sur l'appel, Arrest contradictoire intervint le 13. Janvier 1700. qui porte entre autres choses *qu'il seroit remené dans les prisons de Toulon, pour luy estre son Procés fait & parfait jusqu'à Sentence définitive inclusivement.* 10. Sac m. m. & 3. 81

En vertu de cet Arrest l'acusé fut remené à Toulon où en continuant l'instruction de son Procés, on acheva de *recoller* & de luy *confronter* les témoins, enfin Sentence intervint qui ordonna *qu'avant faire droit, les Parties feroient juger respectivement les appellations par eux interjetteés de quelques Sentences renduës par ce Juge.*

Il est évident que ce Procés estoit un Procés criminel qu'aux termes de l'Ordonnance de 1670. titre 20. Article 4. il ny avoit plus moyen de recevoir l'acusé en *Procés ordinaire*, & qu'il falloit nécessairement *prononcer deffinitivement sur son absolution ou sur sa condamnation.*

L'Arrest du 14. Juillet 1706. ne prononce ny sur l'une ny sur l'autre, il ne déclare point l'acusé *absous* du crime, il ne le condamne pas comme criminel; il civilise donc la matiere, ce qui estant trés-severement deffendu par l'Ordonnance rend l'Arrest insoutenable.

Ce moyen embarasse le Deffendeur, il avoit dit dans ses premiers Memoires que *le Parlement n'avoit point civilisé le Procès*, c'est ainsi qu'il s'explique dans la page 52. & 53. du premier Imprimé que M. Silvain son Avocat distribua lorsque la Requeste en cassation des Demandeurs estoit sur le Bureau. Dans son avertissement au Conseil, il change de batterie, & convient qu'*on a pu le civiliser.* Dans son Factum, il reprend ses premiers errremens & soûtient que *le Parlement ne l'a point civilisé*; mais que *ce qui a pu*, dit-il *produire l'erreur de ceux qui ont cru que ce Procés avoit esté civilisé, c'est que le crime d'imposture & de supposition forme une action d'une espece particuliere & bien differente des autres où il y a un corps de délit réel & constant, comme d'un meurtre, d'un larcin & autres semblables, qui estant effectifs peuvent estre averez sur le champ, ou qui le doi-* Fol. 27. Page 32. & 34.

D

eftre par une information fecrete, aulieu que dans le crime de fuppofi-
tion il faut l'inftruire à fonds par la voye de l'Enquefte avant que le
crime foit réalifé.

Ce font les mêmes termes dont il s'eftoit fervy dans fon Avertiffement pour montrer que *les Demandeurs avoient tort de dire que*
le Parlement de Provence n'avoit pû civilifer le Procés.

Il ne s'agit donc pas d'établir que le Parlement d'Aix n'a pû
civilifer le Procés fans contrevenir à l'Ordonnance, le Deffendeur
en convient, il s'agit feulement de prouver qu'il l'a *civilifé*, & que
ceux qui ont crû que le Prosés avoit efté civilifé ne font point tombez
dans l'erreur.

Pour établir ce fait, il faut obferver que le crime de fuppofition
de nom ne diffère point des autres crimes capitaux; que dans ceux-
cy le crime eft quelque fois réel, conftant & averé dés l'inftant de
l'accufation, & quelque fois il ne le devient qu'en jugeant le
Procés.

Dans l'accufation intentée contre le fieur de Saint Antonin, le
délit eftoit fi peu réel, que le Chevalier de Cormis qu'on difoit
avoir efté affaffiné, s'eft trouvé vivant en Suiffe, par la vérification que
les fieurs Carnaud & Gaffendy en ont faite d'autorité du Parlement
de Provence.

En matiere de vol, *fans effraction*, eft-il toujours certain que
l'accufateur eut chez luy l'argent qu'il prétend luy avoir efté volé ?
le corps du délit n'eft donc pas réel & ne le devient que par la
conviction de l'accufé.

Le faux principal, *la fupofition de part*, *l'adultere* ne font prouvez
que par l'inftruction & ne deviennent conftans que par le jugement
de condamnation ; ils font donc de la même nature que celuy de
fupofition de nom. Dans l'inftruction & dans le Jugement de tous ces
crimes les Juges font aftraints à fuivre rigoureufement les difpofi-
tions de l'Ordonnance, & ne fçauroient *aprés la confrontation des té-*
moins, juger un Procés criminel fans *abfoudre* ou fans *condamner* l'a-
cufé : l'Arreft du 14. Juillet 1706. n'a point prononcé d'abfolution ny
de condamnation ; il eft donc évident qu'il a *civilifé* le Procés.

Mais comment peut-on foûtenir aujourd'huy que le Procés n'a
pas efté *civilifé* & que le Parlement a jugé le Procés criminel ; cette
Cour N'A POINT LÛ les charges & informations, c'eft un fait qu'on
établira dans l'explicatiõ du cinquiéme moyen. Peut-on juger un Procés criminel fans en avoir vû les charges, & quand ce Procés fe trouve jugé fans abfoudre ny fans condamner l'acufé, n'eft-il pas évident
que la Cour *l'a civilifé* d'autant mieux qu'il n'i avoit aucune inftruction
fur le criminel au Parlement d'Aix.

Le Défendeur dit encore que si le procés a esté *civilisé*, c'est par Page 35 du Factum.
l'Arrest du 18 Juin 1700.

A cela deux réponses. 1°. L'Arrest du 18 Juin n'est qu'un *Arrest interlocutoire*, qui ne decide rien, & qui ne faisoit d'autre tort aux Demandeurs, que d'éloigner le jugement du Procés. Il porte, *sans préjudice du droit des Parties, & des preuves resultantes du procés* : il ne *civilise* donc point la matiere, puis qu'il conserve *les preuves resultantes du procés*, & tout ce qui avoit esté fait auparavant : par consequent cet Arrest non plus que les enquestes faites en consequence n'ont pu porter le Parlement à juger le procés criminel par la voye civile, comme il a fait, sur tout aprés que les Témoins entendus dans la procedure criminelle de Toulon avoient esté confrontez.

2°. Les Demandeurs n'ont *executé* cet Arrest, que sous la condition de la clause précise qui y est inserée : c'est à dire, *sans préjudice de leurs droits, & des preuves resultantes du Procés*; donc cet Arrest, ni les Enquestes faites en consequence n'ont point autorisé le Parlement d'Aix, à contrevenir comme il a fait à l'Ordonnance de 1670.

On a pretendu aussi que *l'Arrest dont on se plaint prononce suffisamment l'absolution du Défendeur, en le declarant le fils du sieur de Caille*.

On n'elude point ainsi la sage disposition de l'Ordonnance, quand elle impose aux Juges la necessité de prononcer deffinitivement *l'absolution* ou la *condamnation* d'un accusé, elle ne leur laisse pas la liberté de prononcer d'une autre maniere; en un mot, le Parlement d'Aix ayant par son Arrest du 14 Juillet jugé un procés criminel *aprés la confrontation des Témoins* sans avoir prononcé *l'absolution* de l'Accusé, c'est une contravention précise à l'article 4 du Titre 20 de l'Ordonnance de 1670.

Le cinquiéme moyen de cassation se tire de la contravention à Cinquiéme moyen de cassation.
l'article dernier du Titre 15 de l'Ordonnance de 1670 qui porte, que *s'il se trouve quelque nullité dans une procedure criminelle, elle sera refaite aux frais du Juge qui aura commis la nullité, lequel doit estre encore condamné aux dommages & interests des Parties*.

Le Parlement d'Aix par l'Arrest dont il s'agit, *a declaré nulle la procedure criminelle faite à Toulon contre le Défendeur* à la requeste des Demandeurs, il n'a point ordonné qu'elle seroit *refaite aux dépens du Juge de Toulon* : il a donc contrevenu à l'Ordonnance.

La Partie adverse soûtient que *cet article de l'Ordonnance n'a point* Fol. 19 de son Avertissement.
d'application à la cause, parce que l'Arrest a jugé en cause d'appel, & a jugé definitivement la question d'état sur l'enqueste faite d'autorité de la

Cour, ce qui a dispensé les Juges de faire recommencer la procedure faite au Siege de Toulon.

La réponse est facile : les Parlemens n'examinent jamais la procedure des premiers Juges, que quand ils font saisis de l'appel de ces procedures. L'Ordonnance porte, que *s'ils y trouvent des nullitez, ils les feront refaire aux depens du Iuge qui les aura mal faittes.* Le Parlement d'Aix qui a jugé *en cause d'appel,* & qui a *declaré nulle* toute *la procedure faite à Toulon,* devoit donc se conformer à la disposition de l'Ordonnance.

On pretend encore qu'*il n'estoit point tenu d'ordonner qu'elle seroit refaite, parce qu'il a jugé la question d'état sur les enquestes faites de son autorité* : il a donc depoüillé le premier Juge de la connoissance d'un procés criminel qui estoit de sa competence, dont il avoit connu d'abord par l'ordre exprés de Sa Majesté, & que mé-me le Parlement de Provence par l'Arrest du 13 Janvier 1700 luy avoit renvoyé, *pour instruire & juger jusques à Sentence definitive inclusivement* : par consequent ces pretenduës raisons bien loin de détruire le moyen de cassation en produisent deux autres qui seront expliquez dans la suite.

Mais sur quel fondement le Parlement d'Aix a-t-il declaré *nulle* cette procedure de Toulon ? Quelles font les *nullitez* qu'il y a trou-vées? IL NE L'A JAMAIS LÛE NI VOULU LIRE, c'est un fait qui ne paroist pas vrai-semblable, & qui ne laisse pas d'estre constant.

Maistre *Silvain* dans le premier des trois Memoires qu'il distri-bua au Conseil pendant l'examen de la Requeste en cassation en demeure d'accord.

Il s'en explique plus particulierement dans le dernier. *Il est vray,* dit-il, *que le Parlement ne les a pas lûes,* ces Informations faites à Toulon, *mais on soûtient* (c'est luy qui parle) *qu'il n'y a point d'Ordonnance qui oblige les Juges de lire les informations en pareil cas,* c'est à dire, quand les Cours depoüillent les premiers Ju-ges de la connoissance d'un procés criminel. Il repete en plus d'un endroit cette maxime erronée & dangereuse : il vaplus loin : il pretend que le *Parlement eût fait une extravagance tres-insigne de lire des informations qu'il cassoit, parce qu'il jugeoit qu'on n'avoit pas dû poursuivre l'Imposteur par voye criminelle.*

Si l'on vouloit se servir des termes dont ce Memoire est rempli, on pourroit dire avec plus de raison, que *c'est une extravagance insi-gne* de pretendre qu'un Parlement qui est saisi de l'appel d'une pro-cedure criminelle peut la declarer *nulle sans la lire.* Les Informa-tions qui avoient esté faites estoient composées de quantité de té-moins, dont les dépositions estoient de la derniere importance ;

Ibid

Page 54.

Page 22 & 23.

Ibid.

ces témoins avoient esté *recollez* dans leurs depositions *& confrontez à l'Accusé*, la procedure avoit esté faite suivant les ordres de Sa
Majesté par les Juges qui devoient connoistre du crime dont le
Défendeur estoit accusé, elle avoit esté *confirmée* & autorisée par
l'Arrest du Parlement de Provence du 13 Janvier 1700, elle avoit
esté *reservée* par l'Arrest du 18ᵉ Juin suivant: le Parlement estoit
donc tenu de l'examiner; & il est ridicule de pretendre *qu'il a pu
se dispenser de la lire, parce qu'il n'y a point d'Ordonnance qui impose aux Juges l'obligation de voir les pieces essentielles d'un procés.*
Doit-on s'étonner aprés cela que le Parlement d'Aix ait declaré
l'Imposteur estre *le fils du sieur de Caille*, il n'a lu que son Enqueste, & *n'a point lu & n'estoit pas mesme*, à ce qu'on pretend *obligé
de lire* tout ce que les Demandeurs produisoient de plus essentiel
contre luy.

On ne peut s'empêcher d'observer icy que ces procedures criminelles qui n'ont point esté luës se trouvent neanmoins, par une
affectation odieuse visées en trois endroits de l'Arrest du 14 Juillet: on laisse au Conseil à faire sur ce procedé ses reflexions.

Le Défendeur adjoûte dans son dernier Factum, que *l'article* Page 35 du Factum de l'Impo-
steur.
*de l'Ordonnance ne porte point, que toutes les fois qu'une Cour supe-
rieure declare nulle une procedure criminelle faite par un premier Juge,
la procedure sera refaite à ses dépens: mais, il dit seulement, que s'il
est ainsi ordonné*, ce doit estre aux frais du Juge: d'où il resulte
que *le Parlement en cassant la procedure de Toulon a pu se dispenser
d'ordonner qu'il en seroit fait une nouvelle.*

Personne n'ignore qu'une Cour ne peut jamais juger un procés
criminel sans une information & sans une procedure bien & düe-
ment faite: si la Cour y trouve des nullitez, elle est en droit de la
casser; si elle la casse, il faut absolument ordonner qu'elle sera refaite, parce qu'encore un coup on ne peut juger ces sortes de procés que sur une procedure valable; si la Cour ordonne qu'elle soit
refaite, ce doit estre aux dépens du Juge.

Delà il suit que le Parlement de Provence ayant cassé une
procedure criminelle sans ordonner qu'il en seroit fait une nouvelle,
il a contrevenu à cette Ordonnance.

Un sixiéme moyen de cassation est, que l'Arrest du 14 Juillet Sixiéme moyen
de cassation.
1706 a contrevenu à l'article 2 du Titre 6 des fins de non procc-
der de l'Ordonnance de 1667, & à l'article 5 du Titre 16 des Appellations de l'Ordonnance criminelle en ce qu'il a evoqué & jugé un procés sur lequel les premiers Juges n'avoient pas encore
donné de Sentence definitive.

Si l'on en croit l'Imposteur, *le Parlement d'Aix* par l'Arrest du

14 Juillet a *jugé definitivement le procés criminel* qui avoit esté inftruit entierement devant le Juge de Toulon, & fur lequel ce Juge n'a point prononcé definitivement , & en mefme temps *il a jugé la queſtion d'état* du Défendeur qui avoit esté portée au Siege de Toulon , & fur laquelle il n'y avoit esté rendu que la Sentence *preparatoire* du 16 Septembre 1699 : dans l'un & l'autre cas il y a une contravention précife aux articles de l'Ordonnance dont on vient de parler : car le Parlement n'a pu juger le civil fans l'avoir évoqué de devant le premier Juge qu'il a dépoüillé de la connoiſſance de cette affaire.

Il n'a pu juger le crime avant qu'il ait esté prealablement prononcé definitivement par le premier Juge. fur l'abfolution ou la condamnation de l'Accufé, fans evoquer le procés criminel.

Or il n'eſt pas permis aux Cours d'evoquer un procés civil fous prétexte d'appel ou de connexité que *pour le juger à l'audiance :* l'Arreſt du 14 Juillet 1706 eſt rendu fur un procés par écrit avec 12000 livres d'épices.

Il n'eſt point permis d'evoquer les procés criminels que *lorſque la matiere eſt legere* , & il les faut auſſi *juger à l'audiance :* l'Arreſt juge le procés criminel dont la matiere eſtoit de la derniere importance , & le juge fur un procés par écrit fans aucune inſtruction, & fans avoir lu les informations.

Ces deux articles défendent également aux Juges de le faire A PEINE DE NULLITE', donc l'Arreſt qui eſt contraire à ces deux articles eſt infoûtenable.

Fol. 30 v. de fon Avertiſſement.

Ce moyen eſt preſſant & decifif, l'Impoſteur y répond d'une maniere tout-à-fait curieufe, *le Parlement* , dit-il , s'eſt conformé à ces deux articles, *en prononçant fur le champ difinitivement fur le civil & fur le criminel,* & *il n'eſtoit pas tenu de renvoyer les Parties devant le Juge de Toulon , tant parce que fa procedure avoit eſté totalement caſſée , que parce qu'on l'avoit laiſſée pourir dans le Greffe de ce Siege par artifice ou autrement, comme il paroiſt par l'apport qui en a eſté fait au Conſeil.* Cela ſuffit , continuë-il , *pour détruire les argumens & toutes les obſervations que font les Demandeurs fur ces deux articles de l'Ordonnance.*

On laiſſe au Conſeil à decider , fi c'eſt la répondre au moyen de Caſſation; le Parlement a evoqué un procés civil, & l'a jugé fur un procés par écrit : il n'a donc point fatisfait à l'Ordonnance de 1667.

Il a evoqué la connoiſſance d'un crime digne du dernier fupplice, une matiere grave, & l'a jugé par rapport. L'Ordonnance ne luy permettoit d'evoquer que les *matieres legeres, à la charge de les juger à l'audiance :* donc il n'a point fatisfait à l'Ordonnance de 1670.

D'ailleurs , *si le Juge de Toulon ne pouvoit plus connoiftre de la matiere* , parce que le Parlement voulut caffer fa procedure , quoi-qu'il ne l'eût pas *lûë* ni voulu lire , le Parlement ne devoit-il pas renvoyer la caufe devant le plus prochain Juge Royal.

C'eft une illufion d'alleguer que *ce renvoy n'a pu eftre fait, parce qu'on avoit laiffé pourir la procedure dans le Greffe de Toulon* , car c'eft une fuppofition infigne , que *la procedure foit pourie :* quelques feuillets du premier interrogatoire fe trouvent à la verité gaftez , mais ils font encore tres-lifibles , & le Procés verbal de l'état de la procedure qui fut faite par le Lieutenant General de Toulon , lors qu'il fut apporté au Parlement juftifie que l'eau qui eftoit tombée fur quelques feuillets de cet interrogatoire , venoit d'une goutiere qui coula le long du mur fur ce fac & fur d'autres de la mefme cheville qui s'en trouverent endommagez.

Le Défendeur ne parle plus dans fon Factum de tout ce qu'il Pages 37 & 38. avoit allegué dans fon Avertiffement. Il pretend 1°. que *le Parlement n'a rien evoqué & qu'il eftoit faifi de tout par la voye de l'appel.* 2°. que *le Juge de Toulon avoit entierement confommé fon pouvoir,* en renvoyant par fa Sentence du 8 Mars 1700 le Procés au Parlement. 3°. Que *les Demandeurs font convenus dans les Requeftes qu'ils ont prefentées à Aix que le premier Juge avoit rempli fon degré de Jurifdiction , & qu'enfin une caufe de cette importance ne pouvoit eftre jugée à l'audiance.*

La réponfe eft prompte. 1°. Le Parlement n'eftoit faifi d'aucun appel de Sentence definitive : celle du 8 Mars n'eftoit qu'interlocutoire , & par confequent le Parlement n'a pu prononcer definitivement , comme il a fait , fans evoquer le principal.

2°. La Sentence renduë à Toulon le 8 Mars 1700 n'eftoit qu'*interlocutoire ,* le Juge s'y refervoit à prononcer *definitivement aprés le jugement des appellations de quelques Ordonnances particulieres, fur lefquelles il renvoya les Parties au Parlement :* il n'avoit donc pas entierement confommé fon pouvoir , & ne s'eftoit point dépoüillé de la connoiffance de l'affaire.

3°. Si le Procureur des Demandeurs a declaré dans quelques écritures du procés principal que *le Iuge de Toulon avoit rempli le premier degré de Iurifdiction ,* c'eft une erreur de fait qui ne peut nuire aux Parties . & à laquelle le Parlement ne devoit point s'arrefter , puifque les pieces produites juftifioient le contraire , & que les Juges font aftraints à l'execution de l'Ordonnance, fans qu'ils puiffent y deroger non plus que les Parties. D'ailleurs les Demandeurs fe font toûjours refervé le criminel , en mettant : Sauf à Monfieur le Procureur General , &c.

Enfin fi le Parlement ne vouloit pas juger à l'audiance un pro‑
cés auffi vafte, il ne devoit pas juger, comme il a fait, le princi‑
pal, puis qu'il ne pouvoit pas le juger fans l'evoquer.

Le feptiéme moyen de caffation eft fondé fur la contraven‑
tion à l'article premier du Titre 35 de l'Ordonnance de 1667, il
porte en termes précis, que *les Arrefts des Cours ne pourront eftre
retractez que par Lettres en forme de Requefte civile.* L'Arreft du 14
Juillet 1706 retracte & renverfe abfolument la difpofition des
Arrefts du 13 Janvier 1700 & du 18 Juin de la mefme année, con‑
tre lefquels l'Impofteur n'a jamais pris *Requefte civile ;* il eft donc
contraire à cet article de l'Ordonnance.

Il ne faut qu'établir le fait : l'Arreft du 13 Janvier 1700 ordonne,
*que le procés criminel commencé devant le Juge de Toulon y feroit con‑
tinué jufqu'à Sentence definitive inclufivement*, ce Juge n'a jamais
rendu la Sentence *definitive ;* le Parlement d'Aix n'a donc pu dé‑
cider ce procés criminel avant que le Juge eût rendu la Sentence,
fans renverfer fon premier Arreft.

Ce mefme Arreft confirmoit la procedure faite auparavant par
le Juge de Toulon, & autorifoit celle qui a efté faite en confe‑
quence jufqu'à la Sentence du 8 Mars 1700. L'Arreft du 14 Juil‑
let 1706 caffe toute cette procedure *fans mefme l'avoir luë. & fans
l'avoir voulu lire ;* il a donc retracté & renverfé le premier Arreft.

L'Arreft du 18 Juin confirmoit encore tout ce que le Juge de
Toulon avoit fait, il porte : *fans preiudice du droit des Parties au
principal. & des preuves refultantes du procés.* Ces preuves eftoient
principalement la procedure faite à Toulon. L'Arreft du 14 Juillet
1706 qui *a declaré nulle toute cette procedure*, non par les nullitez
qu'il y a trouvées en l'examinant, mais *parce qu'il ne l'a jamais luë*,
a donc renverfé & retracté la difpofition de cet Arreft.

Il avoit permis à l'Accufé de *faire la preuve de fon état,* & permettoit
aux Demandeurs *la preuve contraire.* L'Impofteur pretendoit par fon
Enquefte prouver *qu'il eftoit fils du fieur de Caille*, & qu'il s'eftoit
fauvé de Suiffe fur la fin de l'année 1690 : la meilleure preuve
contraire eftoit, que *le fils du fieur de Caille eftoit mort* & qu'il
avoit demeuré en Suiffe fans interruption depuis 1685 jufqu'au 15
Février 1696 jour de fon decés : elle eftoit rapportée au procés &
les Demandeurs avoient conclu par leur Requefte du 25 Juin 1700,
que fi la Cour ne la trouvoit pas fuffifante, elle eût la bonté de
commettre des Juges *in partibus* pour la faire de fon autorité. L'Ar‑
reft du 14 Juillet deboute de cette Requefte : il renverfe donc
l'Arreft du 18 Juin 1700 & par confequent n'eft pas foûtenable.

Cette preuve contraire eftoit d'autant plus neceffaire, qu'il eftoit
impoffible.

impoſſible de juger le procés avant qu'elle eût eſté faite en Suiſſe, où il eſtoit indiſpenſablement neceſſaire de la faire, puiſque les faits deciſifs avancez par les Demandeurs y eſtoient arrivez, & qu'il n'y avoit pas moyen d'en faire la preuve en France.

Le Defendeur pour réponſes à ce moyen ſoûtient, 1°. que *le Juge de Toulon a renvoyé luy-meſme les Parties au Parlement pour y proceder ſur l'appel de la proceaure extraordinaire*, & que cela rendoit l'Arreſt du 13 Janvier inutile : d ailleurs *ce defaut eſt couvert*, ſi on veut l'en croire, *par la procedure volontaire que toutes les Parties ont faite en execution de l'Arreſt du 18 Juin 1700, qui permet au Défendeur de prouver ſon état.* Fol. 34 de ſon Avertiſſement, & page 41 de ſon Factum.

On pourroit ſe diſpenſer de répondre à d'auſſi foibles raiſonnemens : ce n'ſt pſ, ſi on veut l'en croire, le Parlement d'Aix, qui par ſon Arreſt du 14 Juillet a *retracté* l'Arreſt du 13 Janvier : Il ſçait trop les Ordonnances pour y contrevenir ſi ouvertement : c'eſt le Juge de Toulon qui a fait cette faute en renvoyant les Parties au Parlement. Mais ce Juge l'a t-il pû faire, & l'a-t-il fait ? Il ſeroit ridicule de penſer qu'il ait eu le pouvoir de le faire, & qu'on ait ſouffert qu'il l'eût fait : il ne l'a pas fait auſſi : il n'a pas jugé definitivement le procés criminel, parce qu'il a cru qu'il falloit pour aſſurer ſon Jugement que les Parties fiſſent juger les appellations reſpectives qu'elles avoient interjettées de quelques Ordonnances & Jugemens qu'il avoit rendus ; & il a ſi peu renoncé à juger ce procés definitivement, que Sa Sentence porte, *avant faire droit*, & *ſauf aprés le Jugement de ces appellations à faire droit definitivement.* Il falloit donc que le Parlement pour ne point retracter l'Arreſt du 13 Janvier 1700 prononçaſt ſur les appels reſpectifs des Parties, & renvoyaſt à ſon tour le procés à Toulon, pour y eſtre procedé au Jugement definitif ordonné par ledit Arreſt.

C'eſt encore une illuſion de dire que les Enqueſtes faites en execution de l'Arreſt du 18 Juin 1700 par les Parties, ont couvert *le retractement* de cet Arreſt du 13 Janvier : comme l'Arreſt du 18 Juin porte *ſans préjudice du droit des Parties, & des preuves reſultantes du Procés*, l'enqueſte faite par les Demandeurs en conſequence de l'Arreſt du 18 Juin, n'a eſté faite *qu'à cette condition* : ainſi bien loin, comme on le ſuppoſe, que l'Arreſt du 18 Juin eût *retracté* celuy du 13 Janvier, on peut dire qu'il l'a confirmé, & que le Parlement d'Aix a renverſé la diſpoſition de l'un & de l'autre, en caſſant, comme il a fait par l'Arreſt definitif du 14 Juillet 1706 une procedure *confirmée & autoriſée* par l'Arreſt du 13 Janvier, & par celuy du 18 Juin ſuivant.

E

Huitiéme & neuviéme moyen de caffation.

Les huitiéme & neuviéme moyens de caffation font fondez fur deux articles du Titre 22 des Enqueftes de l'Ordonnance de 1667.

L'article 36 porte, qu'*on n'entendra deux fois les témoins que* dans un feul cas , *c'eft quand l'enquefte a efté déclarée nulle par la faute du Commiffaire , & qu'il en eft faite une nouvelle à fes frais & dépens.*

L'article 25 dit : *Que fi la permiffion de faire enquefte a efté donnée à l'audiance , les Enqueftes feront portées à l'audiance , pour y eftre jugées fur un fimple acte & fans autre procedure.*

On a entendu deux fois dans l'enquefte du Défendeur plus de vingt-cinq témoins , c'eft un fait conftant , & le Défendeur en convient. On a jugé les Enqueftes fur un procés par écrit, quoique la permiffion de la faire eût efté accordée à l'audiance : Le Parlement d'Aix a jugé fur cette Enquefte ; il a donc contrevenu à ces deux articles.

L'Impofteur ne répond rien au premier de ces moyens dans fon Avertiffement ni dans fon Factum. Il avoit dit dans fes premiers Memoires, que *les témoins qui avoient efté entendus deux fois avoient répondu fur differens faits , qu'ils avoient d'abord parlé fur la queftion d'état, & enfuite fur les faits contenus dans le Monitoire , &* que les Demandeurs avoient approuvé cette Enquefte au Parlement. Rien ne peut excufer la contravention, puifque l'Ordonnance défend precifément *d'entendre deux fois les mefmes témoins dans un mefme procés :* & que d'ailleurs les Demandeurs ont toûjours *protefté de nullité contre le Monitoire , & tout ce qui avoit efté fait en confequence ,* & expreffément de ce qu'on avoit oüi deux fois les mefmes témoins. Par rapport au fecond , l'Impofteur pre

Page 39 de fon Factum.

tend, 1°. qu'*il n'eftoit pas poffible de porter l'enquefte à l'audiance à caufe du grand nombre de témoins qui avoient efté entendus.* L'Ordonnance n'excepte point les groffes enqueftes : il falloit donc en fuivre la difpofition. 2°. Que *l'affaire avoit efté appointée :* le Parlement ne devoit pas prononcer cet Appointement & une mauvaife procedure , une procedure infoûtenable ne couvre pas une contravention précife & formelle.

Dixiéme moyen de caffation.

Ce moyen eft, que l'Arreft dont il s'agit a jugé contre la difpofition des Declarations du Roy des premier Juillet 1686 10 Février 1698 & 29 Decembre de la mefne année, en mettant la Partie adverfe (fous le faux pretexte qu'il eftoit le veritable fils du fieur de Caille) en poffeffion de tous les biens ayans appartenus au fieur de Caille, quoique, fuppofé qu'il fût le fils, (ce qui n'eft pas) il n'euft point fatisfait à ce que ces Declarations demandent des

Refugiez qui veulent eſtre remis en poſſeſſion de leurs biens.

Pour eſtablir ce moyen, il faut obſerver qu'apres la revocation de l'Edit de Nantes, Sa Majeſté par l'Article 6. de la Declaration du premier Juillet 1586. declara qu'*elle ne diſpoſeroit point des biens des Refugiez avant le premier May 1687, & ordonna que ceux qui reviendroient dans ce temps-là & feroient abjuration, rentreroient en poſſeſſion de leurs biens, à condition qu'en entrant dans le Royaume ils feroient leur declaration devant le Juge Royal le plus prochain du lieu où ils ſeroient entrez, du deſſein qu'ils avoient de ſe réunir à la Religion Catholique Apoſtolique & Romaine; qu'à cet effet ils marqueroient les lieux où ils voudroient faire leur abjuration, & ceux par leſquels ils voudroient s'y rendre, aprés laquelle abjuration, qu'ils feroient tenus de faire dans la huitaine du jour de leur arrivee dans le lieu qu'ils auroient marqué; Sa Majeſté veut qu'ils puiſſent rentrer en poſſeſſion de leurs biens, & en jouir comme s'ils n'eſtoient pas ſortis.*

Au mois de Decembre 1689. le Roy par un Edit ſolemnel, *donna tous les biens des Refugiez qui n'eſtoient pas revenus,* & qui n'avoient pas ſatisfait aux conditions portées par la Declaration de 1686. *à leurs plus proches parens :* C'eſt en vertu de cet Edit, que les Demandeurs furent mis en poſſeſſion des biens dont le ſieur de Caille pere jouiſſoit lorſqu'il ſortit du Royaume; ils ne pouvoient en eſtre depoſſedez que par le ſieur de Caille pere, ou par le fils en revenant en France, par une permiſſion particuliere du Roy, attendu que le temps à eux accordé par la Declaration de 1686. eſtoit expiré, & en ſatisfaiſant aux conditions portées par cette Declaration.

Le Défendeur ſuppoſe qu'il eſt fils du ſieur de Caille, & qu'il eſt rentré en France en 1690. quand cela ſeroit, ce qui n'eſt pourtant pas, il n'auroit point remply ces conditions; il auroit donc eſté refractaire aux Ordres de Sa Majeſté, & n'auroit pû, ſans une permiſſion expreſſe du Roy, rentrer en la poſſeſſion des biens du ſieur de Caille.

En 1698. Sa Majeſté, par un eſprit de bonté pour ſes Sujets refugiez, voulut bien par ſa Declaration du 10. Février leur *permettre de revenir dans ſix mois* aux meſmes conditions portées par la declaration de 1686. elle ne parla point pour lors de leurs biens, elle les *déchargea* ſeulement *des peines qu'ils avoient encouruès,* pour avoir reſté juſques alors contre ſes ordres hors du Royaume.

Mais par une autre Declaration du 29. Decembre ſuivant, elle ordonna qu'*ils rentreroient en poſſeſſion de leurs biens, ſi en entrant dans le Royaume ils rempliſſoient toutes les conditions portées par la Declaration de 1686.* qui furent repetées en l'Article premier de cette derniere, & auſquels il fut ajoûté qu'*ils ſeroient tenus de faire ſerment de fidelité entre les mains du Commandant ou du Gouverneur de la premiere Place du Royaume.*

E ij

Le Défendeur qui se suppose estre le veritable fils du sieur de Caille, a-t-il satisfait à ces Declarations : a-t-il en 1690. (c'est le temps auquel il prétend estre rentré en France) *fait sa declaration devant un Juge Royal du dessein qu'il avoit de se réunir à la Religion Catholique, Apostolique & Romaine* : a-t-il marqué à ce Juge *les lieux où il vouloit faire son abjuration, & ceux par lesquels il vouloit s'y rendre* : a-t-il *fait cette abjuration dans la huitaine du jour de son arrivée dans le lieu marqué* : a-t-il presté *serment de fidelité entre les mains du Gouverneur de la Province.* Rien de tout cela : le Parlement de Provence ne pouvoit, donc, quand mesme le Défendeur eût esté constamment le fils du sieur de Caille, (ce qui n'est pas) le remettre en possession d'aucuns des biens ; & tout ce qu'il eût pu faire de plus favorable pour luy eût esté de le renvoyer à Sa Majesté pour se faire relever par elle du laps du temps qu'il avoit laissé passer sans obéir à ses Ordres, qui doivent estre scrupuleusement suivis.

Fol. 35. de l'A-vertissement du Défendeur. Et page 49. du Factum.

Le Défendeur répond bien foiblement à ce moyen ; *il a eu*, dit-il, *des peines & des difficultez infinies pour s'échapper d'auprés de son pere ; il estoit dans des terreurs continuelles d'estre repris ou arresté de la part de ses parens : c'est pour cette raison qu'il n'a point satisfait à ces declarations ; qu'il a pris les differens Personnages qu'on luy a veu faire, & qu'il s'est caché sous le faux nom de Pierre Mege* : Mais, ces *peines*, ces *difficultez*, ces *terreurs*, (supposé que le tout soit aussi veritable qu'il est faux) pouvoient - elles le dispenser d'obéir aux ordres précis de Sa Majesté.

D'ailleurs, *la peine* qu'il auroit eu de se sauver d'auprés de son pere, loin d'estre une raison pour l'empêcher d'executer ce que ces Ordonnances demandoient de luy, l'auroit mis en estat d'y satisfaire : & à l'égard de ces prétendues *terreurs*, il s'en mettoit à couvert, en satisfaisant à ces Edits & Declarations. Au lieu de s'y soumettre : *il est resté*, dit-il, *huit ans dans l'erreur, il s'est enrollé dans la Milice, sur les Galeres, & sur les Vaisseaux, il a esté record de Sergent, Operateur, Enrôleur, Valet de Confiturier, adultere, imposteur, faussaire.* Peut-il esperer qu'on fera assez simple de croire qu'un homme puisse sur de vaines *terreurs* se plonger dans l'ordure & dans le crime, & se livrer à un supplice certain pour éviter de tomber entre les mains de ses parens, qu'il ne devoit point craindre en satisfaisant aux Ordres du Roy, & qui n'avoient jamais fait le moindre mouvement qui pût donner aucun soupçon contre leur conduite.

Les Demandeurs ajoûtent un autre moyen qui n'est à la verité qu'un moyen de *Requeste Civile*, mais qui sert à faire voir l'irregularité de l'Arrest, & le peu d'attention que l'on a eu pour la procedure, quand il a fallu rendre un Arrest favorable à l'imposteur.

Le Parlement a jugé par cet Arreſt des demandes qui n'eſtoient ny *appointées*, ny *reglées*, ny meſme *jointes* au Procés qui avoit eſté appointé.

On ne trouve dans tout le procés jugé par l'Arreſt du 14. Iuillet 1706. qu'un ſeul *Reglement* ou *appointement*, c'eſt celuy du 25. Octobre 1702.

Il eſt rendu *entre la Dame Rolland & le ſieur Tardivy Demandeurs en execution de l'Arreſt de la Cour du 18. Juin 1700. qui permet aux Parties de faire Enqueſte d'une part, & un Soldat de Marine qui ſe ſuppoſe le fils du ſieur de Caille Défendeur:* Cet Arreſt appointe les Parties ſur les demandes & défenſes y inſerées, & ne les appointe ſur aucune autre appellation, ny demande : le Parlement de Provence ne pouvoit donc juger par l'Arreſt du 14. Iuillet 1706. que ce qui eſtoit *appointé* par l'Arreſt du 25. Octobre 1702. cependant il juge le Procés civil & criminel, il prononce ſur les *appellations* des Sentences du Iuge de Toulon des 16. Septembre, 2. Decembre 1699. & 8. Mars 1700. il juge *l'oppoſition* formée par le Défendeur à l'Arreſt du 30. Iuin 1690. qui adjuge aux Demandeurs les biens du ſieur de Caille; il les deboute de leurs *Lettres de reſciſion :* toutes ces *appellations,* ces *demandes,* & ces *Lettres de reſciſion,* n'ont jamais eſté *appointées,* ny *jointes au Procés principal,* par conſequent le Parlement de Provence n'a pû ny dû les juger, & cela ſeul ſuffiroit pour faire renverſer la diſpoſition de cet Arreſt; paiſque ſuivant l'Ordonnance de 1667. au Titre *des Requeſtes Civiles,* il eſt défendu aux Iuges *de prononcer diffinitivement ſur des appellations & demandes non reglées.*

L'impoſteur ne répond autre choſe, ſinon que *l'Arreſt du 25. Octobre 1702. appointe les Parties ſur toutes les qualitez :* Cela eſt vray par rapport aux *qualitez* qu'elles ont priſes dans cet Arreſt, mais c'eſt une illuſion de vouloir que cela puiſſe comprendre toutes les appellations & les demandes qui n'y ſont point énoncées.

Enfin, ce meſme Arreſt eſt d'une conſequence extreme pour le Public, & donne atteinte aux Traitez faits entre la France & le corps Helvetique. Suivant ces Traités & ſuivant ce qui s'eſt pratiqué juſqu'à preſent au Conſeil & dans tous les Tribunaux du Royaume; les Actes & procedures faites en Suiſſe *legaliſés* en la maniere ordinaire, *& certifiés* par M. l'Ambassadeur de France, ou par l'Envoyé de Sa Majeſté, font pleine & entiere foy, le Parlement d'Aix n'a point voulu adjoûter foy aux Certificats & aux procedures faites en Suiſſe dans la forme qui y eſt uſitée & qui ont eſté *legaliſées & certifiées;* il a donc contrevenu à ces Traités & met par là les Gantons en droit de rejetter les Actes émanez des Iuges de France, ce qui feroit un tort irreparable aux François qui ont des Procés en Suiſſe.

E iij

Page 46. de ſon Factum.

Cela eſt d'une telle impórtance, que les Souverains de Berne en ont écrit à Sa Majeſté ; iis luy demandent juſtice de l'injure que le Parlement d'Aix leur a faite ; il eſt à croire qu'elle ne leur ſera pas refuſée.

Page 42 & 43. de ſon Factum.

L'impoſteur prétend que *le Parlement d'Aix n'a point mepriſé les Actes paſſés en Suiſſe, ni les procedures qui y ont eſté faites ; mais qu'il les a rejettées comme extrajudiciair, & parce que entre les preuves qui eſtoient au Proſés, il y a pû choiſir celle qui luy a paru la meilleure.*

Les Demandeurs ont cy-devant fait voir que les preuves reſultantes des Certificats & des procedures faites en Suiſſe eſtoien complettes, & telles qu'on a coutume de les faire dans le Pays ; ainſi le Parlement devoit y deferer ; ils ont fait voir auſſi qu'elles eſtabliſſent la mort du fils du ſieur de Caille ; & que ſuppoſé qu'il n'y manquaſt que la ſeule formalité d'eſtre faites d'autorité du Parlement, on n'avoit pû ny dû refuſer de commettre un Juge *in Partibus* pour les verifier, il ſeroit inutile d'en dire davantage.

Les Demandeurs pour finir cette ſeconde Partie de leur Factum n'ont plus qu'à répondre aux fins de non-recevoir, que le Défendeur propoſe en general contre tous les Moyens qu'on vient d'expliquer.

Pages 59. de ſon Factum.

Il dit que *le Conſeil ne connoiſt point des affaires criminelles*, & fait une longue Diſſertation pour montrer qu'il ne ſçauroit juger au fonds celle d'entre les Parties.

Les demandeurs ne le prétendent pas ; ils ont conclu à la *caſſation de l'Arreſt & au renvoy dans une autre Cour telle qu'il plaira à Sa Majeſté de choiſir*, il eſtoit inutile de traiter la queſtion puiſqu'elle eſt eſtrangere au procés.

En vain propoſe-t'on, comme une difficulté inſurmontable, les frais qu'il faudroit faire ſi l'Arreſt eſtoit caſſé, & s'il falloit recommencer le Procés ; ce ne ſera pas le Défendeur qui en ſouffrira, puiſque les Demandeurs ſeront obligez de les avancer, mais du moins ils ſoûtiendront l'honneur de leur famille, & ils ſe tireront de la cruelle perſecution qu'ils ſouffrent injuſtement.

Page 52. de ſon Factum.

Pour ſeconde fin de non-recevoir il prétend qu'*on ne peut eſtre jugé deux fois en matiere criminelle ; & que quand meſme il ſeroit évident qu'une Cour ſuperieure auroit decidé contre toutes ſortes de regles ; on ne permet pas ſuivant la maxime*, non bis in idem, *de reclamer contre le Jugement qu'elle auroit rendu.*

Les Demandeurs répondent 1°. Que cette *fin de non-recevoir* fut propoſée & fortement ſoûtenuë dans les premiers Memoires qui furent donnés contre leur Requeſte en caſſation, on n'y eut point d'égard : c'eſt donc une queſtion jugée qu'il eſt inutile d'agiter à preſent.

2°. Quand elle n'auroit pas esté décidée, elle ne seroit à present d'aucune utilité ; LE PARLEMENT D'AIX N'A POINT JUGÉ LE PROCÉS CRIMINEL : cela est si vray, qu'*il n'a pas lû, & qu'il n'a pas voulu lire* les charges & informations faites à Toulon : or dés qu'il n'a jugé qu'un Procés civil, la fin de non-recevoir , *non bis in idem* ne sçauroit estre proposée.

3°. Le Parlement d'Aix ne pouvoit pas en l'estat qu'estoit le Procés, condamner l'accusé, parce que le premier Juge n'avoit pas encore rendu de Sentence définitive, il ne pouvoit regulierement que renvoyer l'accusé à Toulon.

Il faut à present establir que cet Arrest a jugé contre la verité & contre la justice.

TROISIEME PARTIE.

Iniquité évidente de l'Arrest du Parlement de Provence.

Cette partie dépend entierement de l'examen du fonds du Procés, le Défendeur l'a traité sur les lieux dans un volume qu'il a répandu de tous costés, & dans les premiers Memoires qu'il distribua au Conseil ; il n'en parle plus dans son avertissement, & n'en dit presque rien dans son Factum , parce qu'il prétend que *le Conseil en matiere de cassation, ne doit point entrer dans l'examen du fonds de la contestation, & doit seulement s'arrester aux moyens de cassation tirez de la forme.* C'est-à-dire , aux contraventions aux Ordonnances , aux Edits & aux Declarations de Sa Majesté.

Il n'y a rien qui puisse empêcher le Conseil *d'entrer dans l'examen du fonds.* Quand il ne le fait pas, c'est qu'il veut bien ne le pas faire , parce que la matiere n'y est pas disposée, ou qu'elle n'est pas d'une assez grande consequence pour meriter son attention; mais lorsqu'une affaire est de la derniere importance par elle-mesme & par les suites qu'elle peut avoir; qu'un Arrest a jugé contre les principes; qu'il a decidé une question de Fait contre la Justice & contre la verité, qui doivent estre la regle des Jugemens ; pour lors le Conseil examine le fonds aussi-bien que la forme; & quand il n'y auroit pas de contravention dans la forme , il est de sa Justice de voir si le Parlement a jugé comme il estoit obligé de faire.

Les Parlemens ont à la verité un pouvoir souverain de terminer diffinitivement toutes les contestations qui leurs sont portées ; mais ne doivent-ils pas estre toûjours prests à rendre compte de leurs Jugemens au Prince qui leur a donné ce pouvoir. Leurs décisions font elles d'une autre espece que celles que rendoient dans l'Empire Romain les Prefets du Pretoire ?

Leg. unic. §. 2. ff. de off. præf. præt.

Le pouvoir de ces Magistrats estoit presque sans bornes, ils jugeoient souverainement & sans appel, *vice sacra judicabant*. Il n'estoit pas permis d'appeller de ce qu'ils avoient decidé : l'Empereur croyoit que des Gens qui par leur merite estoient parvenus à cette Charge, ne pouvoient pas juger autrement qu'il auroit jugé luy-même.

Cependant ils n'estoient pas si absolument maistres de la fortune des hommes, que ceux qu'ils avoient injustement condamnez, ne pussent revenir contre leurs Jugemens.

Il estoit expressement défendu d'en appeller, mais on presentoit une Requeste à l'Empereur qui examinoit ou faisoit examiner si ceux qui se plaignoient avoient raison de reclamer sa Justice.

Les Cours Superieures, comme le Prefet du Pretoire jugent souverainement & sans appel. Sa Majesté est persuadée que les Magistrats dont ces Cours sont composées, doivent juger comme elle jugeroit elle-mesme : c'estoit l'idée que les Empereurs avoient de ceux qui parvenoient par leur merite à la charge éminente dont on vient de parler; ils ne vouloient pas souffrir qu'on appellât de leur jugement, parce que ce terme auroit blessé le choix qu'ils en avoient fait : on ne veut pas aussi qu'on puisse interjetter appel d'un Arrest, mais si les Empereurs Romains permettoient à ceux qui se plaignoient d'une condamnation injuste *qui contra jus se læsos affirmabant,* de leur presenter une Requeste sur laquelle le Procés estoit examiné de nouveau, Sa Majesté qui est le plus juste de tous les Rois refusera-t-elle d'écouter les justes plaintes d'une partie, qui fait voir plus clair que le jour l'injustice criante d'un Arrest rendu contre elle.

C'est donc une erreur de prétendre que le Conseil ne sçauroit entrer dans l'examen du fonds, & qu'il ne doit examiner que les souls moyens de la forme ; quand il ne le fait pas, c'est qu'il veut user moderement du pouvoir sans bornes qui luy a esté donné.

En l'espece de la Cause il est entré déja dans ces moyens : La Requeste en cassation a esté introduite autant par le merite du fonds que par les moyens de la forme ; on a mesme ordonné pour examiner ce fonds avec plus d'attention que tous les sacs & toutes les procedures du Procés seroient apportés ; on l'a fait. Cette sage précaution deviendroit inutile, si le Conseil n'examinoit pas aujourd'huy ce fonds, & s'il ne vouloit pas connoistre la verité, qui par l'Arrest dont on se plaint, se trouve accablée sous le mensonge, la calomnie & l'imposture.

Il s'agit au fonds du Procés de trois principales queftions : le fils du fieur de Caille eft-il mort ? Le Defendeur eft-il le fils du fieur de Caille? Eft-il Pierre Mege fils de François Mege condamné aux Galeres, & de Marie Gardiole.

L'Arreft du 14. Juillet 1706. a decidé que le fils du fieur de Caille n'eftoit pas mort, que l'impofteur eftoit fils du fieur de Caille, & qu'il n'eftoit point Pierre Mege.

Les Demandeurs foûtiennent qu'il a jugé contre l'évidence & contre la verité : qu'il eft certain & incontestable : 1°. Que le fils du fieur de Caille eft mort le 15. Février 1696. 2°. Que le Défendeur n'eft point le fils du fieur de Caille. 3°. Qu'il eft Pierre Mege. Ils vont eftablir ces trois propofitions.

Ils ne le feront que fur des preuves par écrit, & fur des *aveus* précis que la verité a tirés de la bouche de l'impofteur. S'ils fe fervent en quelques endróits des dépofitions des témoins ; ce ne fera que fur des faits dont il ne fçauroit eftre permis de douter.

PREMIERE PROPOSITION.

Le Fils du Sieur de Caille eft mort.

Cette mort eft arrivée à Vevay en Suiffe le 15 Février 1696. les Demandeurs l'ont étably dans la feconde Partie de ce Factum, en expliquant leur premier Moyen de caffation ; ils fe contenteront icy d'indiquer les Pieces qui prouvent ce fait important & décifif, les voicy :

1°. Une Lettre écrite par le Sieur de Caille pere le 26. Mars 1696. au fieur d'Aftier mort en 1698. laquelle a efté remife aux Demandeurs par le fils du défunt, comme ayant été écrite à fon pere, le fieur de Caille luy marque qu'*il a perdu fon fils depuis un mois*. Prod. 10. Sac.
SSS.

2°. Deux Procurations paffées par le fieur de Caille pere à Lauzane les 6. Août 1699. & 6. Janvier 1700. portans pouvoir à Mouton Procureur à Toulon, d'*affirmer pour luy la verité de cette mort arrivée le 15. Fevrier 1696*. 10. Sac. B. & C.

Une declaration de ce Pere faite le 22. Août 1703. devant les Bourgmeftres & Confeil de Lauzanne en Suiffe, par laquelle il a *attefte* ce fait par les fermens les plus folemnels. 10. Sac. 7. K.

3°. Trois autres declarations judiciaires faites les 3. & 4. Septembre 1700. par deux tantes maternelles & une tante paternelle du fils du fieur de Caille, qui *affeurent le mefme fait*. Ibid. 6. F. 6. G.
& 6. H.

4°. Un Certificat du Commandeur & Confeil de Vevay du 15. Avril 1699. vieux ftile, portant que *le fils du fieur de Caille eft mort* 10. Sac. A.

en ce lieu *le 15. Fevrier 1696.* C'eſt l'unique manière de prouver un decés arrivé en Suiſſe où il n'y a point de Regiſtres mortuaires.

5°. Deux procedures faites, l'une à Vevay le 17. Avril 1699. Par-devant le Lieutenant Baillival & Chaſtellain de la Ville, & l'autre à Lauzanne les 17. 18. & 19 May de la même année, dans leſquelles la mort en queſtion a eſté atteſtée par gens d'une probité diſtinguée & ſans reproches.

Dans celle de Lauzanne les Magiſtrats en Corps de Conſeil & chacun d'eux en particulier atteſtent *qu'ils ſont trés memoratifs que le fils du ſieur de Caille eſt mort au commencement de l'année 1696. à Vevay.*

Dans la même Procedure, le ſieur de Caille pere y *affirma* encore devant le Magiſtrat, *la verité de cette mort,* & le ſieur de la Cloſure réſident à Geneve atteſte que tout le contenu en la procedure eſt entierement conforme au témoignage que luy en ont donné differentes perſonnes dignes de foy

Ces deux procedures ſont *legaliſées* par le Conſeil de la Ville de Berne *& certiffiées* par Monſieur de Puiſieux Ambaſſadeur de France qui dans la certiffication déclare *que ces p.oceduires luy avoient eſté envoyées par les Souverains de Berne, qu'elles ſont en la forme uſitée en ce Pays-là, & quelles doivent faire foy dans les Tribunaux de France ſuivant les Traitez d'Alliance faits entre le Roy & les Suſſes.*

10. Sac T. T. 6°. Un Certificat de Monſieur de Puiſieux du 17. Mars 1700. contenant les mêmes choſes que le précedent & encore que s'étant luy-même enquis de la verité de cette mort elle luy a eſté confirmée par des gens dignes de foy comme un fait conſtant & notoire.

8 Sac E. 7°. Une Lettre du 22. Mars 1696. écrite par le ſieur Silveſtre Marchand de Vevay aux ſieurs Vachiere freres Marchands à Manoſque par laquelle entr'autres choſes il leur marque que *le fils du ſieur de Caille* qu'ils connoiſſoient *eſtoit mort après une longue maladie.*

Toutes ces piéces établiſſent invinciblement que le fils du ſieur de Caille qui eſtoit ſorty du Royaume en 1685. avec ſon pere eſt mort à Vevay le 15. Février 1696,

On ne repetera point icy ce que le Deffendeur oppoſe a ces preuves ; on a rapporté fidellement ſes prétenduës raiſons dans le premier moyen de caſſation ; on y a répondu ; & ce qu'on a dit ſuffit pour décider que c'eſt un erreur de fait, une injuſtice criante & manifeſte d'avoir jugé, comme a fait le Parlement de Provence, que le fils du ſieur de Caille n'eſtoit pas mort : car ſur quel fondement l'Arreſt de ce Parlement a-t-il eſté rendu ? Sur ce que l'impoſteur a dit qu'il eſtoit ce fils, & ſur ce que pluſieurs témoins oüis en ſon

Enqueſte l'ont reconnu, on va montrer l'impoſture & l'illuſion de cette prétendue reconnoiſſance.

SECONDE PROPOSITION.

L'impoſteur n'eſt point le fils du ſieur de Caille.

Sans ſe dèpartir de ce qu'on vient de dire par rapport à la certitude ou l'on eſt & ou l'on doit eſtre que le fils du ſieur de Caille eſt mort le 15. Février 1696. les Demandeurs vont établir que l'impoſteur n'eſt point ce fils.

Cette propoſition ſe prouve en faiſant voir la fauſſeté de tout ce que l'impoſteur avance pour montrer qu'il eſt fils du ſieur de Caille.

Il ſe fonde uniquement ſur les dépoſitions des *témoins de ſon Enqueſte* qui *l'ont* dit-il *reconnu.*

Son Enqueſte eſt compoſée de 394. témoins dans ce nombre 110. ſeulement le *reconnoiſſent* ou le *croyent* fils du ſieur de Caille, 53. ne le *reconnoiſſent* point, deux aſſurent qu'il eſt *impoſteur*, les autres dépoſent de faits étrangers à cette partie de la cauſe.

De tous ceux qui le *reconoiſſent*, il n'y en a que deux qui diſent *avoir vû ce fils à Lauzanne*, Nicolas Beuf 35. témoins dépoſe *l'y avoir vû en 1688. travailler à des deſſeins dè Mathematique.* Il n'a donc pû ny dû *reconnoiſtre* ce fils en la perſonne de l'impoſteur qui ne ſçait *ny lire ny écrire*, & qui ne *l'a jamais appris.*

L'autre c'eſt Antoine moulet 154. témoin, qui dit *avoir vû ce fils en 1690. à Lauzanne ou il eſtoit allé dans un détachement de la Garniſon d'Huningue pour eſcorter des bleds que le Roy échangeoit contre du ris ;* ſa dépoſition eſt des plus fauſſes & prouvée telle par un certificat des Magiſtrats de Lauzanne qui ont atteſté que *de Memoire d'homme ou n'a vu à Lauzanne ny charettes, ny chariots chargez de bled venant d'Huningue ny qu'il y ait jamais eſté fait aucun èchange des bleds de France contre du ris.*

Tous les autres témoins *n'ont point vû ce fils depuis ſa ſortie du Royaume en 1685.* c'eſt-à-dire qu'ils prétendent en avoir conſervé l'idée pendant 15. 16. & 17. années : car l'Enqueſte commence au mois de Novembre 1700. & finit en Avril 1702.

il y en a ſix *(A) qui ne l'ont vû que dans ſa jeuneſſe,* dix *(B) qui ne l'ont point vû depuis plus de 20. & 22. ans,* deux *(C) depuis 25. années.*

Deux autres déclarent *ne l'avoir jamais vû qu'une fois,* c'eſt le 3ᵉ. témoin quand dans le lieu de Caille, il luy *caſſa une cruche,* & le 18. *lorſqu'il paſſa à Voux.*

A 29. 108. 124
137. 169 & 172
B. 6. 14. 16.
24 50 51 72.
76. 77. & 127
C. 374 382.

F ij

Le 83. *le reconnoift par derriere:* le 366. qui *ne l'a feigné* dit-il *qu'une fois il y a* 17. *ans* le reconnoift à la *cicatrice* de fa feignée: une fille c'eft le 370. qui *ne le reconnoift point au vifage* eft perfuadée qu'il eft

C'eft le 92. & 327. Tém.

ce fils quand elle a vû fa poitrine, il n'y a pas jufqu'à un aveugle qui a efté entendu deux fois lequel encore *qu'il ait perdu la vûë depuis plus de 30. ans*, le reconnoift en le tatant.

Le 332. témoin dit que le fils avoit le *nez aquilin*, & le 370. reconnoift l'impofteur pour ce fils *à fon nez camus*, l'un, c'eft le 333. dit *qu'il eft le fils du fieur de Caille, parce que ce fils avoit de petites dents ferrées*, & l'autre, c'eft le 323. *parce qu'il les avoit groffes & mal arangées.*

D. 82. 83. 103. E. 268. F. 34. G 9. 19. 68. 129. 133. 134. 169. 336. H 43. I. 112. 174. L. 98. 56. M. 375.

Il y en a qui luy trouvent *l'air de fon ayeul maternel Bourdin* (D) mort il y a plus de 30. ans, un affure *qu'il reffemble à fa Bifayeule Dupouffol* (E) morte il y a foixante années & dont pour appuyer fa dépofition, il a remis le portrait, qui eft produit au Procès.

D'autres trouvent qu'il reffemble au fieur de *Caille* (F) fon ayeul mort il y a plus de 30. ans, à fa *mere* (G) morte en 1679: à *fes tantes de S. Eftienne* (H) à fa tante *du Lignon* (I) forties du Royaume en 1685. à Madame *Rolland* (L) quoyque fa préfence les duft detromper, enfin un ne le fçauroit meconnoiftre puifqu'il a une parfaite reffemblance avec fa *coufine la Coulette* (M).

On n'auroit jamais fait fi l'on vouloit rapporter toutes les autres impertinences & toutes les autres abfurditez fur lefquelles cette prétenduë reconnoiffance eft fondée.

C'eft cependant l'unique titre fur lequel le Parlement d'Aix a décidé.

Les Demandeurs pouroient oppofer à ces 110. témoins de l'impofteur qui le *reconnoiffent* ou qui le *croyent* fils du fieur de Caille les 53. de cette même Enquefte & tous ceux de l'Enquefte qu'ils ont fait faire, lefquels ne *le reconnoiffent point* ou qui affurent *qu'il ne luy reffemble pas* & qu'il *eft un impofteur.*

Ils pouroient faire voir la différence qu'il faut faire entre les témoins qui parlent en fa faveur & ceux qui depofent contre luy.

Ils pouroient montrer que prefque tous ceux qui le *reconnoiffent* font fans bien, réduits à l'aumône, à qui pour peu de chofe on a fait dire tout ce qu'on a voulu, indignes enfin qu'on deffere à ce qu'ils ont dit: aulieu que ceux qui affurent pofitivement qu'il *n'eft point le fils du fieur de Caille* méritent qu'on ajoute foy à leurs dépofitions.

Mais ils veulent bien ne pas entrer icy dans ces difcutions & s'attacher à faire voir, que l'impofteur dement luy-même tout ce que les témoins ont dit en fa faveur & que par les pieces qui font au

Procés il eſt clairement prouvé qu'il ne peut-être le fils du Sᵣ de Caille.

S'il eſt ce fils il doit ſçavoir ce que ce fils ne pouvoit ignorer.

1°. Il eſt évident & perſonne ne le ſçauroit nier qu'un homme doit ſçavoir ſon nom le nom de ſon Pere, & celuy de ſa mere ce ſont des notions qu'on prend pour ainſi-dire en naiſſant & qu'on n'abandonne qu'avec la vie : cependant l'impoſteur les ignoroit abſolument quand avec *Amphoux* dit *la Violette*, il forma le deſſein de ſe ſuppoſer le fils du ſieur de Caille.

Le fils s'appelloit *Iſaac*, le nom du Pere eſt *Scipion de Brun de Caſtelane*, celuy de ſa mere eſtoit *Judith le Gouche*.

L'impoſteur dans ſon aĉte d'abjuration du 10. Avril 1699. dit qu'il s'appelle *André d'Antreverges fils de Scipion d'Antreverges, ſieur de Caille & de Suzanne de Caille*. C'eſt le premier pas qu'il ait fait, il n'eſtoit pas encore inſtruit des particularitez de la famille en laquelle il vouloit entrer.

Son Procureur qui avoit vû par le certificat de la mort, envoyé à Monſieur de Vauvray que le fils du ſieur de Caille s'appelloit Iſaac, le qualifia dans ſa Requeſte du 16. Juin, *André d'Antreverges cy-deuant Iſaac*, mais l'impoſteur dans ſon interogatoire du *19.* déclare qu'il n'a jamais *ſçû ſon nom*.

2°. Il ignoroit lors de cet interrogatoire des faits eſſentiels que le fils du ſieur de Caille ne pouvoit ignorer, il ne put dire le nom de la ruë, ny celuy du quartier ou eſtoit la maiſon du ſieur de Caille pere, ny déſigner la chambre en laquelle il couchoit.

Il aſſura qu'en ſortant de Suiſſe (il n'en marqua point le temps ; mais il a depuis ſoutenu que c'eſtoit dans les derniers jours de l'année 1690.) *il avoit laiſſé à Lauzanne ſa grand-mere & ſes deux ſœurs :* la Dame de Caille mourut au mois de Novembre 1690. & Marguerite de Brun ſa ſœur aînée eſtoit morte dès 1686. il ne put dire quelle eſtoit l'air & la couleur des cheveux de la Damoiſelle de Caille qu'il nommoit Lizette, il dit que ſon pere avoit *les cheveux noirs & la barbe de même couleur*, cependant le pere a les cheveux chatains, & la barbe rouſſe.

3°. Il n'a jamais répondu juſte, à ce que des témoins non ſuſpeĉts luy ont demandé quand on ne l'avoit pas préparé à leur répondre.

Joſeph Baudini Avocat, 10. témoin de l'Enqueſte des Demandeurs luy demanda en préſence de Monſieur Boyer Rapporteur : *s'il connoiſſoit le ſieur Loth qui demeuroit à Manoſque, & s'il ſe ſouvenoit de ſes filles*, il aſſura que cette famille luy eſtoit connuë & pour donner plus de poids à ce qu'il venoit de dire, il ajouta qu'*il avoit eſté amoureux d'une des filles, & que même le ſieur de Caille pere en avoit paru irrité :* Le ſieur Loth n'a jamais eu qu'un garçon. Le même témoin

Art. 12.

Art. 18.

Art. 54. 55.
57 & 58.

F iij

luy demanda *s'il falloit monter ou descendre pour aller au College de Manosque*, il répondit *qu'il falloit descendre deux ou trois degrez pour y entrer*, ce qui n'est pas vray : il luy demanda encore *si le Presche estoit au premier ou second étage*, il y avoit, répondit-il *des Monarques peints dans ce Presche & Calvin*, & il falloit monter *sur des Galeries de bois ou il y avoit des marches*, jamais il ny a eu de Monarques peints dans les Temples de la Religion protestante, *le Portrait de Calvin* ne s'y est jamais trouvé, & le Temple de Manosque estoit de plein pied, il est fait mention de ces faits dans l'Enqueste, on est bien seur que le fils du sieur de Caille n'auroit pas manqué d'y répondre.

Le sieur Baudricy quinziéme témoin, luy demanda *s'il connoissoit le sieur Josias de Villeneuve de la Couleue*, il dit que *non*, il estoit cependant cousin du sieur de Caille fils avec lequel il avoit esté élevé.

4. Toutes les fois que d'autres témoins ont voulu l'interroger sur des faits particuliers, cet homme qui avec ses témoins reconnoissoit, dit-on des gens qui disoient l'avoir vû à la mamelle, ou ne luy avoir parlé qu'une fois, ne répondoit point à ce qu'on luy demandoit, ou leur disoit des *injures*; c'est ainsi qu'il en usa en presence de M. Boyer Rapporteur avec le sieur Barbeirac dix-neu-viéme témoin, qui vouloit l'interroger sur la Ville de Lauzanne, & avec Marie Arnousse cinquante-cinquiéme témoin, le fils du sieur de Caille auroit répondu & auroit rendu raison de tout ce qu'on auroit voulu sçavoir de luy.

5. Il declara dans son Acte d'abjuration, *qu'il ne sçavoit point écrire*, il dit dans son Interrogatoire, *qu'il ne sçait lire ny écrire*, & *qu'il ne l'a jamais appris à cause de l'incommodité de sa vûë*, M. Silvain à la page 84. de la troisiéme Partie de son Factum fait en Provence, dit que *depuis six ans que l'Imposteur estoit en prison, il n'avoit pû jamais apprendre qu'à signer* DE CAILLE, *le plus grossierement du monde*.

Le fils du sieur de Caille sçavoit lire & écrire ; il avoit étudié; il avoit fait sa Rhetorique & sa Philosophie à Geneve.

 Plusieurs témoins ouys dans l'Enqueste de l'Imposteur, declarent que *ce fils sçavoit lire & écrire*, qu'il alloit au College, & qu'il avoit des Precepteurs.

Dans la déposition de Barthelemy Prestre 269. témoin, il est dit que Monsieur Boyer Rapporteur *ayant fait conferer en sa presence le soldat & le témoin du temps de leurs Etudes, du nom des Regens & des Ecoliers, du lire & écrire que sçavoit le fils du sieur de Caille au temps de ses Classes, des versions & traductions qu'il pouvoit avoir faites du Latin, du nom qu'il signoit & prenoit pendant ses Etudes;*

Le prisonnier n'y satisfit qu'imparfaitement, & avoüa pourtant d'avoir pris & signé le nom d'Isaac d'Entreverges dans sa jeunesse, mais interpellé de refaire encore les mesmes caracteres ; il dit ne le pouvoir, ny VOULOIR faire, & offrit de le faire dans la prison, (ce que pourtant il n'a pas fait & ne sçauroit faire) & signa seulement le nom de Caille sans forme d'un caractere non lié & de suite, mais par des Lettres grosses, separées, mal tracées & sans ordre : il ne sçauroit donc estre celuy au lieu duquel il se suppose.

Le fils du sieur de Caille signa le cinq Mars 1679. dans le Contract de Mariage de Louis Duchaisne & de Susanne Jaimont fille de Chambre de la Dame du Lignon ; le Regiſtre du Notaire dans lequel eſt la minute de ce Contract a eſté remis, & eſt produit au Procés. *3. Sac.*

Il écrivit deux Lettres le premier Février 1686. l'une à Perier Notaire qui l'a remiſe entre les mains de Monſieur Boyer Rapporteur ; l'autre que les Demandeurs ont jointe eſt écrite à défunt Funel Notaire à Rougon : cette derniere eſt d'autant plus digne de foy, qu'elle se trouve endoſſée & caracteriſée *eſtre au fils du sieur de Caille,* de la main de ce Funel qui mourut le premier May 1689. son Extrait mortuaire eſt rapporté. *8. Sac.* *10. Sac. q. q. q.* *Ibid zzz.*

On dira peuteſtre que *ces trois Pieces sont suspectes, que ceux qui les ont repreſentées ont eſté decretez par l'Arreſt du 14. Juillet, & qu'il eſt impoſſible qu'elles ayent eſté écrites par le fils du sieur de Caille, puiſque celuy que cet Arreſt declare eſtre ce fils, n'a jamais sçû lire ny écrire ;* mais a-t-on attaqué ces Pieces par la voye de l'inſcription de faux ? ne voit on pas que le Parlement n'a decretté Perier, Funel & Larderety Notaires, sans requiſition, ny du Défendeur, ny de la partie publique ; que pour couvrir l'injuſtice de son Arreſt : enfin ces Pieces ne sont & ne feront-elles pas toûjours un monument éternel de l'iniquité évidente de cet Arreſt, & de l'impoſture de la Partie adverſe.

Non seulement le fils du sieur de Caille a signé la minute du Contract de mariage dont il vient d'eſtre parlé, non-seulement il a écrit & signé les deux Lettres adreſſées à Perier & à défunt Funel, mais encore il s'eſt inſcrit & a signé sur les Regiſtres, tant de l'Academie de Geneve que des Profeſſeurs sous leſquels il a eſtudié.

Les Demandeurs ont produit un Certificat du sieur Turretin Recteur de cette Academie, portant que *le fils du sieur de Caille jeune Gentil-homme de Manoſque en Provence y eſtudia en 1680. en Rhetorique* qu'on appelle à Geneve la premiere Claſſe, & qu'*il s'y eſt inſcrit luy meſme en ces termes:* ISAACUS DE CAILLE MANOSCA PROVINCIALIS PRIMÆ CLASSIS. *Production au Conseil cot. M.*

Proc. ibid.

Ils ont encore rapporté des Extraits, tant du Livre du sieur Chaillet Professeur en Philosophie de la mesme Ville, que du Catalogue des Ecoliers qui ont estudié en Philosophie au College de Geneve, dans lesquels le sieur Rougon de Caille de Manosque, *Isaacus Rogonus de Caille Manoscensis*, s'est inscrit de sa propre main pendant les années 1682. & 1683.

Ces Extraits sont *attestés veritables & legalisés* par le Syndic & Conseil de Geneve; ils sont encore *certifiés* du sieur de la Closure resident pour Sa Majesté, qui declare *avoir vû ces Registres*: on ne sçauroit donc les revoquer en doute en France.

Les Demandeurs ont encore prouvé au Procés que le fils du sieur de Caille a esté vû à Lauzanne depuis l'année 1690. jusqu'en 1696.

Ie. Sac. 6. C.

Ils ont produit l'Extrait du Livre de Pegat Apotiquaire, qui l'a traité en 1693. à Lauzanne dans un redoublement de maladie qu'il y eut au mois de Septembre & Octobre de la mesme année.

Ibid.

Un autre Extrait tiré le 10. May 1700. par les Bourguemestres de Lauzanne du Livre du sieur des Marais Professeur des Mathematiques en cette Ville, qui porte que le 13. Avril 1691. le sieur de Caille fils commença sous luy ses leçons de Mathematique à raison de trois écus par mois.

Ibid. 6. D.

Et une Declaration judiciaire avec serment faite par Henry Berard Apotiquaire de Geneve, portant qu'il fut mandé à Lausanne au mois de May 1695. pour y traiter le fils du sieur de Caille qui y estoit malade de desseichement, qu'il y demeura deux mois, & qu'on luy paya pour son voyage la somme de trois cens livres.

Il ne tombera donc jamais sous le sens qu'un homme qui ne sçait ny le nom du fils du sieur de Caille, ny celuy de ses pere & mere, qui ignore l'etat de la famille, & mil autres choses que le fils ne pouvoit ignorer, qui enfin ne sçait ny lire ny écrire, & qui dit estre entré en France sur la fin de 1690. soit le fils du sieur de Caille qui a fait toutes ses Etudes, qu'on a vû, qu'on a frequenté, & qu'on a enseigné en Suisse en 1691. 1692. 1693. 1694. & 1695.

Ce séjour continuel du fils en Suisse depuis *1690.* jusqu'en *1696.* est une preuve sensible de l'imposture, la même personne ne pouvant estre dans le mesme temps en Suisse & en Provence.

Pages 56. & 76. de son Factum,

Le Défendeur ne répond point à toutes ces raisons, *il ne veut point*, dit-il, *entrer dans le fonds de la contestation*, cependant comme il est forcé de convenir que *l'objection qu'il ne sçait ny lire, ny écrire est convainquante*: il entreprend de la combattre.

Page 70.

Ce qu'il dit à cet égard est curieux: on le va rapporter dans ses mêmes termes.

II

Il paroit, c'est luy qui parle, *par la deposition de plusieurs témoins* de son enqueste, *qu'il n'a jamais rien pû ny voulu apprendre* .... *que son Precepteur du Chaisne luy avoit toûjours predit qu'il ne sçauroit jamais rien;* on fait là-dessus une réflexion judicieuse, *qu'il n'est pas exttaordinaire qu'un homme de qualité ne sçache pas les choses qu'il doit sçavoir* ... On *pouroit* mesme *citer,* dit-on, *plus d'une personne de condition qui prouveroit ce que l'on avance,* & on finit ce beau raisonnement par une histoire des plus singulieres; c'est qu'*il y a actuellement à Paris un homme, qui aprés avoir esté huit ans au Coll* ge, *a si peu profité de toutes les peines qu'on avoit prises pour luy, qu'il ne sçavoit seulement pas lire, & qu'il a esté obligé de se mettre en métier.*

Voilà ce que l'Imposteur appelle répondre, & répondre comme il faut à *la plus forte objection* qu'on puisse faire contre luy, on luy dit (car, il est bon de mettre icy cette objection dans tout son jour) comment pouriez-vous estre le fils du sieur de Caille ? Il sçavoit lire & écrire, on en rapporte des preuves Litterales & Testimoniales; il avoit fait des Thêmes & des Versions, plusieurs témoins des deux Enquestes l'ont déposé; un des vostres vous l'a soutenu. Ce fils a fait ses humanitez à Manosque; sa Rhetorique & sa Philosophie à Geneve; il avoit estudié en Mathematique : il avoit eu quatre differens Precepteurs, Clement, du Chaisne, Guirard & Galle : vous dites que vous ne sçavez *ni lire, ni écrire, & que vous ne l'avez jamais appris;* vôtre Avocat de Provence convient qu'en *six ans vous n'avez pû apprendre qu'à former imparfaitement & grossierement le mot de Caille;* vous ne pouvez pas estre le fils du sieur de Caille, vous estes un insigne Imposteur.

Ce qu'il dit dans son Factum détruit-il cette Objection ? Il n'y a personne qui ôse seulement le penser ; il allegue que *plusieurs témoins disent qu'il n'a jamais rien pu ni voulu apprendre;* il est vray qu'*ils le disent,* il est faux que cela soit, & l'on vient de le prouver : *ils disent encore que son Precepteur du Chaisne luy avoit predit qu'il ne sçauroit jamais rien.* Un des témoins rapporte ce fait, mais le contraire paroist par écrit, & d'ailleurs le *269.* témoin de l'enqueste de l'imposteur, luy a soutenu que *le fils du sieur de Caille avec lequel il avoit estudié à Manosque jusqu'aux humanitez, sçavoit lire & écrire & faisoit des Thêmes & des Versions.* L'objection reste donc encore dans toute sa force malgré les *témoins de son enqueste,* qui ont deposé tout ce qu'on a voulu leur faire dire : on ajoûte qu'*il y a des Gentils-hommes, aes Personnes de condition qui ne sçavent pas les choses qu'ils devroient sçavoir.* Cela est rare, mais on veut bien encore le passer, leur ignorance ne prouveroit pas que l'Imposteur qui voudroit qu'on le crût de cette espece, soit le fils du sieur de Caille, qui *sçavoit certainement les choses qu'un Gentilhomme doit sçavoir* : il ne reste donc plus que le conte de cet homme qui *a esté huit ans au College, qui n'a pourtant jamais sceu lire & qui a esté obligé de se mettre en métier*. Les Demandeurs avoüent ingenuement qu'ils n'ont rien à répondre à des raisons de cette espece.

Ils sçavent bien & personne ne l'ignore : qu'il y a des gens dans les Colleges qui y exercent de certains employs pour lesquels on ne leur demande pas une grande capacité; ces gens-là peuvent sans miracle *aller huit ans au College, & ne sçavoir seulement pas lire* : cependant l'experience fait voir qu'avec le temps ils apprennent les principes; mais apparemment *les dispositions de l'esprit & du corps se rencontrent en eux ensemble*, & que *les unes & les autres manquoient* à cet homme, comme on prétend qu'*elles manquoient à l'Imposteur*. Quoiqu'il en soit, cette histoire ridicule ne merite pas la moindre attention : par consequent l'objection reste invincible, & il doit demeurer pour certain que l'Imposteur n'a pû dans son Factum répondre aux raisons que les Defendeurs ont alleguées pour montrer qu'il n'est pas le fils du sieur de Caille : ils vont à present faire voir qu'ils est effectivement Pierre Mege.

TROISIE'ME PROPOSITION.

L'Imposteur est Pierre Mege, fils de François Mege, Forçat de Galere, & de Marie Gardiolle.

C'est un fait constant entre les Parties, que le Défendeur, lorsqu'il se fit presenter en 1699. à M. de Vauvray Intendant de la Marine à Toulon, s'appelloit PIERRE MEGE, dit *Sans regret*.

Il est prouvé au Procés que *Pierre Mege* est né à Joucas, que son Pere François Mege Cardeur de profession, fut condamné aux Galeres en 1672.

Qu'il a fait deux abjurations en 1679. & en 1681. qu'il s'est enrollé six differentes fois en 1676. en 1679. & en 1683. sur la Galere, *la Fidelle*, où il servit jusqu'en 1690. qu'il fut envoyé à Rochefort, où on le *congedia*, parce qu'*il feignoit de tomber du mal caduc*: en 1691. sur la Galere *Labelle*, en 1694. dans la *Milice* de Provence, & en 1695. sur la Galere *la Fidelle*.

Qu'il se maria en 1686. avec Honorade Venelle, qu'il passa depuis differens Actes, & donna plusieurs quittances en qualité de son mary jusqu'en l'année 1697.

Les Demandeurs ne veulent s'attacher qu'aux faits dont ils ont la preuve par écrit, ou qui sont certains par les aveux du Défendeur.

Les enrollemens, & ce qui a esté fait par Mege en qualité de mary de la Venelle sont de cette espece.

Le Défendeur prétend qué *tout ce que Pierre Mege a fait jusqu'au voyage de Rochefort en 1690. regarde le veritable Pierre Mege ; que depuis son depart on n'en a point eu de nouvelles ; que sa mere, ses sœurs & sa femme le crurent mort ; & que ce fut la raison pour laquelle, aprés qu'il eut fait connoißance avec elles à Marseille, elles voulurent bien souffrir que pour se cacher, il prit le nom & la place de ce* prétendu *mort, aprés quoy il receut les rentes de la Venelle comme son mary, luy paßa une reconnoißance dotale en 1694. & continua de vivre avec elle en concubinage.*

Page 14. & 15. de la premiere Partie du Factum de l'imposteur fait en Provence,

On va montrer que la difference qu'il veut faire entre le veritable & le faux Pierre Mege est une chimere : qu'il n'y a point eu deux Meges ; que celuy qui alla en 1690 à Rochefort, & celuy qui l'estoit en 1699 ne sont qu'une seule & mesme personne, & que c'est l'Imposteur.

Il faut d'abord observer que Pierre Mege, dont l'Imposteur suppose avoir pris le nom, n'est point un estre de raison : il a esté, il s'est enrôllé plusieurs fois, il s'est marié, il estoit encore en 1690 : on ne dit point quand, comment, ni par quelle avanture il a cessé d'estre, c'est une presomption bien violente qu'il est encore en vie.

On trouve en 1699 à Toulon un homme en possession du nom, de l'état, de la maison, de la femme, des biens de Pierre Mege. Cet homme convient qu'il est en cette possession depuis huit à neuf années. Croira-t-on que s'il n'eût pas esté le veritable Mege, sa femme eût reçu publiquement cet étranger dans son lit ; que la mere & les sœurs du veritable Mege qui logeoient dans la mesme maison eussent souffert cette debauche ; que tous les parens, les amis & les voisins de ce Mege eussent demeuré si long-temps dans le silence. On ne sçauroit, pour peu qu'on ait de bon sens, donner dans une telle illusion.

N'est-il pas plus vrai-semblable que cet homme connu publiquement pour Pierre Mege par sa femme, sa mere, ses sœurs, ses amis, ses voisins, est ce Pierre Mege, qui ayant esté *congedié à* Rochefort en 1690, revint aussi-tost en Provence, où il resta jusques en 1699.

Toutes les apparences y sont : on va montrer qu'elles sont conformes à la verité.

Cela s'établit incontestablement par les differens enrôllemens produits au procés Pierre Mege s'enrolla sur la Galere *la Fidelle* en 1676, il resta sur la mesme Galere *Marinier de rame* depuis 1679

Dixiéme sac 6. N 6. O & premier sac D D. jusqu'en 1682, & y fut signalé, c'est à dire, depeint en 1681. Il s'y enrôlla une seconde fois *soldat* le 21 Avril 1683, & aprés y avoir resté jusqu'en 1690, il fut envoyé à Rochefort, où on luy donna son congé.

10. Sac 7. P. On prouve qu'un Pierre Mege s'est enrôllé à Marseille le 7 May 1691 sur la Galere *la Belle*. L'Imposteur feint d'ignorer, qui est ce Pierre Mege. On prouvera bien-tost que c'est celuy qui s'estoit enrôllé sur *la Fidelle* en 1683.

Dixiéme sac 6 P. Ibid. 6 Q. Pierre Mege dit *Sans regret*, s'engagea en 1694 dans la Milice de Provence, Aprés que cette Milice eut esté congediée, il s'enrolla au mois de Mars 1695 sur la Gallere *la Fidelle·* De qui sont ces enrollemens ? L'Imposteur avoüe le dernier : il convient aussi s'estre *enrôllé dans la Milice*, mais il a des raisons pour soûtenir qu'il ne s'y engagea pas en 1694, c'est ce qui se discutera dans la suite. Quant à present les Demandeurs ne se veulent attacher qu'à prouver, que celuy qui s'est enrôllé en 1695, est le mesme qui a fait tous les enrôllemens, dont il vient d'estre parlé.

C'est un fait qui n'est pas contesté, que le mesme homme qui s'estoit enrôllé sur la Galere *la Fidelle* dés 1676, qui y fut Marinier de Rame en 1679, & qui y fut signalé en 1681, s'y enrôlla soldat le 21 Avril 1683, son enrôllement le caracterise. *Pierre Mege de Joucas âge de vingt ans, cheveux noirs, taille cinq pieds six pouces, delié. Cardeur, fils de François & de Marie Gardiolle,*

Dans l'enrollement du 5 Mars 1695. l'Imposteur est designé *Pierre Mege âgé de vingt-cinq ans du lieu de Joucas, cheveux noirs taille cinq pieds cinq pouces & demi Ouvrier en soye,* (c'est en Provence la mesme chose que Cardeur) *fils de François, & de Marie Gardiolle, a servi sur les Galeres & dans la Milice de Provence.*

Pourra-t-on dire, pourra-t-on mesme penser, que ce ne soit pas là le mesme Pierre Mege qui s'estoit enrôllé en 1683 ?

Dans l'enrôllement de 1691, on le nomme, on le designe, *Pierre Mege âgé de vingt-deux ans, taille cinq pieds six pouces, fils de François Mege & de Marie Gard'olle.*

N'est-ce pas là le mesme qui a fait les deux enrôllemens de 1683 & de 1695 ? C'est la mesme *taille*, c'est le *fils de François* Mege, & de *Marie Gardiolle.*

En 1694 il est designé dans la Milice *âgê de vingt-cinq ans, taille haute, visage maigre, cheveux noirs.* Dans les enrôllemens de 1683 & de 1695, il a les *cheveux noirs*, dans tous les deux il est de *haute taille*, cinq pieds six pouces, cinq pieds cinq pouces & demi ; c'est donc toûjours le mesme homme : le Défendeur avoüe l'enrôllement de 1695 ; il faut par consequent qu'il avoüe tous les autres.

On ne manquera pas de dire, que les differens âges marquez dans les enrôllemens, dont il vient d'estre parlé, ne sçauroient convenir à la mesme personne; que dans celuy de 1683 *Mege se dit avoir vingt ans* aussi-bien que dans le signalement de 1681. En 1691 *vingt-deux*: en 1694 *vingt-cinq*, & *vingt-cinq* encore en 1695, cela est vray, mais sur cela deux reflexions.

1°. Quand on enrôlle des soldats, on ne s'avise point de leur demander leur Extrait Baptistaire: on les designe, on les mesure, & c'est là ce qui est le plus veritable & le plus certain de tout ce qui est contenu dans l'enrôllement: à l'égard de l'âge, on s'en rapporte à ce qu'ils disent: ainsi l'on ne doit faire aucune attention sur la difference des declarations de l'âge faites dans ces enrôllemens.

2°. L'Imposteur n'a jamais dit la verité sur son âge; il avoüe que l'enrôllement de 1695 est de luy: il se dit en ce temps-là *âgé de vingt-cinq ans*. Dans son acte d'Abjuration du 10 Avril 1699 quatre ans aprés cet enrôllement, il declara qu'*il avoit vingt-trois ans*, & dans son Interrogatoire du 19 Juin de la mesme année, il dit en *avoir vingt-cinq*. Dira-t-on sur le fondement de ces fausses allegations, que celuy qui s'enrôlla en 1695, n'est pas le mesme qui abjura, & qui fut interrogé en 1699. L'Imposteur convient que ces trois Actes sont de luy; par consequent la difference de l'âge de Pierre Mege declarée dans les enrôllemens, ne sçauroit empêcher, qu'on ne soit convaincu que l'Imposteur les a tous faits, qu'il est le veritable Pierre Mege, & qu'il n'y en a jamais eu d'autre.

Une seconde preuve de cette verité se tire de ce qui s'est passé avec Honorade Venelle.

Pierre Mege l'*épousa* en 1686, le Contract de mariage du 27 Mars de cette année a esté reçu par Coulet Notaire à Martigues, & l'acte de celebration est du 10 Avril suivant. Dixiéme sac 5 K.
10 Sac P.

Il passa le 13 Juin 1687 une *Procuration* à ce *Coulet, pour consentir la vente d'une maison dotale*. 10 Sac 5 L.

Cette vente fut faite peu aprés à Barthelemy Venelle, qui *se chargea par le Contract de payer 12 livres 9 sols 6 deniers de rente à Pierre Mege*, comme mary de Venelle.

Celuy-cy donna le premier Octobre 1691 une procuration à Jeanne Venelle sa belle sœur, *pour recevoir les arrerages courans de cette rente*: elle les reçut en consequence au mois d'Octobre 1691 & en 1692. 10 Sac 5 N.
Ibid. 5 O.

Il les receut luy-mesme en 1693. 1694. 1695. 1696. & 1697. & en donna des quittances en presence de deux témoins qui les ont signé, parce qu'il ne sçavoit pas écrire. Ibid. 5 P.

Le 19. Décembre 1694. il passa une *reconnoissance à Honorade Venelle de la somme de* 100. *livres pour sa dot* devant Coulet Notaire, qui avoit receu son Contrat de mariage en 1686. & qui avoit esté chargé de sa Procuration en 1687.

Premiere Partie page 25.

L'Imposteur dans son Factum fait en Provence, convient uniquement d'avoir *passé la reconnoissance dotale de* 1694. *& deux quittances de la rente dûë par Venel :* Il ne dit rien de tous les autres Actes dont il vient d'estre parlé : il prétend donc que le Contract de Mariage de 1686. la Procuration de 1687. celle du premier Octob. 1691. & trois quittances de la rente sont du veritable Pierre Mege.

Or, si les Demandeurs peuvent prouver que quelques uns de ces Actes sont de l'Imposteur : il faudra necessairement conclure que tous les autres en sont aussi, & qu'il est par consequent le veritable Pierre Mege.

Prod. 10. Sac 5. N.

Le 4. Février 1701. Pierre Venel quarante-cinquiéme témoin de l'Enqueste des Demandeurs, soutint à l'imposteur en presence de Monsieur Boyer Rapporteur, qu'*il avoit passé une Procuration à Jeanne Venelle sa belle sœur,* (c'est celle du premier Octobre 1691.) *pour recevoir la rente de* 12. *livres* 9. *sols* 6. *deniers deuë à Honorade Venelle par les enfans de Barthelemy Venel ; qu'en consequence de cette Procuration, luy Venel, en qualité de tuteur de ces enfans, paya ladite rente à ladite Jeanne Venelle en* 1691. *&* 1692. *aprés quoy il paya au Défendeur les cinq années suivantes* 1693. 1694. 1695. 1696. *&* 1697. Il est dit dans cette Enqueste que *le Soldat,* (c'est le Défendeur) *a accordé & est convenu avec le déposant de tous les faits cy-dessus énoncés.*

Cet aveu est de la derniere importance : il prouve évidemment que c'est l'imposteur, qui, luy-mesme passa la Procuration du premier Octobre 1691. en qualité de mary d'Honorade Venelle ; donc il a passé le Contract de mariage de 1686.

La datte de cette Procuration & l'aveu qu'il en a fait, prouvent encore que tout ce qu'il dit avoir fait depuis sa prétenduë évasion de Suisse jusqu'à son enrollement du 5. Mars 1695. sur la Galere commandée par le Chevalier de Montfuron est visiblement supposé.

Il dit dans son Interrogatoire article 33. & suivans, qu'*aprés s'estre sauvé de Geneve il vint à Turin, qu'il y resta* 15. *jours, qu'il s'y enrolla dans un Regiment* chimerique, *des Cadets de Savoye, qu'il fut à la Vallée de Luzerne au Pragelas, où aprés avoir demeuré* 15. *jours, il fut pris par les Regimens de Sault & de Catinat, qu'il fut mené à Monsieur le Maréchal de Catinat, auprés duquel il resta encore pendant une quinzaine, qu'il se découvrit à luy & en obtint un Passeport, avec lequel il vint en France, qu'il fut à Nice, où il s'enrolla dans la milice sous la*

nom de Sans regret, *qu'il y refta huit mois , aprés quoy ayant efté con-*
gedié il alla à Manofque, puis vécut d'induftrie pendant un an ; qu'aprés
cette année *il s'enrolla en 1695. fur la Galere commandée par le Che-*
valier de Montfuron fous le nom de Pierre Mege.

Il n'y parle en aucune façon de la Venelle, ny de la mere & des
fœurs de Pierre Mege. Où placer le temps qu'il commença de les
connoiftre ? c'eft, dit-il, dans fon Factum au Parlement, *aprés que la* Pag. 15. & 16.
Milice de Provence où il s'eftoit engagé eut efté congediée. Il eft prouvé
au Procés qu'il ne s'eft engagé dans la Milice de Provence, que le
onze Février 1694. fous le nom de Pierre Mege, dit *Sans regret*, que
la milice ne fut congediée qu'au mois de Decembre fuivant Or il
eft convenu d'avoir paffé une Procuration fous le nom de Pierre
Mege le premier Octobre 1691. il n'eft donc pas vray qu'il n'a commencé de prendre ce nom qu'au mois de Mars 1695. & qu'il n'a connu
la Venelle qu'aprés la Milice congediée.

Pour éluder la force de cet argument, il fuppofe qu'*il y a eu deux*
Milices en Provence : l'une en 1691. dans laquelle il s'engagea à Nice
fous le nom de Sans regret ; *& l'autre en* 1694. *en laquelle un autre*
que luy s'enrolla fous le nom de Pierre Mege, dit fans regret ; mais il n'eft
pas difficile de faire connoiftre le contraire.

1°. Il n'y a point eu deux Milices en Provence pendant la derniere Guerre, celle qui fut affemblée au mois de Février 1691. fe
feparoit tous les ans en Decembre, & fe raffembloit dans les mois
de Mars & d'Avril de l'année fuivante : elle ne fut congediée qu'au
mois de Decembre 1694. il a dit dans fon Interrogatoire (Article
36) que *8. mois aprés fon enrollement dans la Milice , le Regiment fut*
congedié, par confequent il ne s'y enrolla que huit mois ou environ
avant le mois de Decembre 1694. Cela convient au mois de Février
de cette année, auquel temps on prouve qu'il s'y enrolla, & ne convient nullement à l'année 1691.

2°. Il ne rapporte aucune preuve du prétendu enrollement de
1691. & celuy de 1694. eft produit au Procés.

3°. Le Regiment de Milice de Provence n'a point efté à Nice
en 1691. ny même en 1692. il n'y alla qu'en 1693. & 1694. bien plus, Article 34. de
le Défendeur prétend, que lors qu'*il s'engagea dans la Milice de Pro-* fon Interroga-
vence , Monfieur de Janet en eftoit Colonel. toire.

Le Sieur de Buoux eftoit Colonel de ce Regiment en 1691. &
le fieur Janet ne le fut que l'année fuivante.

Ces faits font prouvez par un Extrait des Livres des liquidations
de la dépenfe des troupes qui paffent en Provence, qui font au
Greffe des Eftats de la Province, & que les Demandeurs ont pro- 10. Sac. 8. G.
duit au Procés.

Il fait voir que *cette Milice a toûjours esté la mesme pendant les années* 1691. 1692. 1693. & 1694.

Qu'en 1691. *le sieur de Buoux en estoit Colonel.*

Que *le sieur Janet ne le fut qu'en* 1692. & continua de l'estre en 1693. & en 1694.

Que *ce Regiment commandé par le sieur de Buoux, s'assembla dans la Ville d'Aix le* 17. *Février* 1691. *que des dix Compagnies dont il estoit composé, six allerent à Seine, & quatre à Thorame ; qu'il revint à Aix au mois d'Avril, d'où on l'envoya par Tarascon en Languedoc, où il resta jusqu'au trente Novembre, qu'il rentra en Provence par le mesme endroit de Tarascon, & fut separé à Aix le* 5. *Decembre de cette année.*

Qu'en 1692. *ce Regiment commandé par le sieur Janet s'assembla à Aix dans les mois de Mars & d'Avril, d'où il partit pour aller en Dauphiné, & n'en revint qu'au mois de Decembre suivant.*

Et qu'il n'alla à Nice qu'en 1693. & 1694.

On ne peut pas dire qu'en 1691. & 1692. ce Regiment ait pu du Languedoc & du Dauphiné passer à Nice : car il ne pourroit l'avoir fait qu'en traversant la Provence en allant & en revenant, auquel cas sa dépense se trouveroit dans le cahier des liquidations ; ce qui n'estant pas, il s'ensuit necessairement que la Milice n'a point esté à Nice en 1691. ni en 1692. que l'imposteur n'a pû s'enroller en 1591. dans le Regiment de Milice de Provence, & qu'il faut absolument que ce soit luy qui s'y soit enrollé en 1694.

De-là, toutes ses avantures fabuleuses s'évanouissent ; tout ce qu'il a dit dans son Factum luy estre arrivé avant le prétendu enrollement de 1691. pendant qu'il estoit à Nice, & depuis la Milice congediée, sont autant de fictions, ausquelles il seroit ridicule d'ajoûter foy.

Il faut aller plus loin : supposons qu'il se fut enrollé en 1691. ce qui n'est pourtant pas, & qu'il ne connut *la Venelle* à Marseille qu'aprés *que la Milice eust esté congediée*, comme il le dit dans son Factum fait en Provence ; il faudroit qu'il se fut engagé dans la Milice au commencement de Janvier 1691. puisqu'il dit avoir esté huit mois entiers dans la Milice, & que le premier Octobre 1691. il passa une Procuration en qualité de Pierre Mege mary de la Venelle, ce qui marque évidemment qu'il connoissoit la Venelle auparavant. Où placer donc presentement son prétendu séjour à *Turin* au *Pragelas*, auprés de *M. de Catinat*? Le temps qu'il employa pour aller de Geneve à Turin, de Turin au Pragelas, du Pragelas à Nice? Il dit s'estre sauvé de Geneve aprés les Fêtes de Noël 1690. il prétend

s'estre

s'estre enrollé dans la Milice en 1691 au commencement de Janvier ; on le défie de concilier ces temps & ses avantures, par consequent il faut conclure que de quelque maniere qu'on envisage ce qu'il dit avoir fait, soit dans son Interrogatoire, soit dans son Factum ; il est partout convaincu de mensonge & d'imposture, & on le trouve partout le veritable Pierre Mege.

Les Demandeurs pouroient encore faire remarquer que plusieurs des témoins oüis en leur enqueste, & dans la procedure faite à Toulon, ont declaré que *le Défendeur est Pierre Mege, qu'ils avoient connu & connoissoient*, les uns *depuis son bas âge*, les autres *depuis vingt ou trente années, & avec lequel ils avoient toûjours entretenu connoissance*, qu'ils ont vû sur les Galeres bien auparavant 1690. qu'ils ont vû abjurer en 1679. & 1681. qui ont esté presens à son mariage avec Honorade Venelle en 1686. & qui luy ont vû passer les Actes rapportés au Procés.

Ce sont des témoins affirmatifs qui n'ont presque point perdu de veuë Pierre Mege, depuis qu'ils ont commencé de le connoistre ; plusieurs ont fait la Campagne de Messine avec luy, & l'ont vû sur la Galere la fidelle, pendant 10. 12. & 15. années. L'Aumônier, le Capitaine d'Armes, l'Ecrivain & deux Sergens l'ont ainsi *deposé*, & l'ont *reconnu*. Le Chevalier de Montfuron Capitaine de cette Galere luy a soûtenu *qu'il estoit le mesme qui y servoit en 1676. qui y avoit servy jusqu'en 1690. qui avoit esté envoyé à Rochefort, qui en estant revenu, s'estoit enrollé sur la mesme Galere en 1695. qui fut congedié pour infirmité, & qu'il a fait mettre souvent à la Chaîne pour donner exemple aux autres.* On ne parle de cecy qu'en passant, non pas que toutes ces dépositions ne doivent estre & ne soient en effet d'un grand poids ; mais parce qu'on s'est fait une Loy de n'employer dans ce Factum que les preuves par écrit qui sont produites au Procés.

L'Imposteur n'oppose à ce qui vient d'estre dit, que les seules dépositions des témoins qui l'ont reconnu fils du sieur de Caille, & celles de quelques autres, qui entendus dans son enqueste, ont dit *qu'il n'estoit pas Pierre Mege.*

Les Demandeurs ont cy-devant montré que les témoins qui l'ont reconnu pour le fils du sieur de Caille estoient visiblement subornez, ou se sont trompez sur des idées que le temps avoit effacées de leur memoire, & sur des circonstances que l'imposteur ne leur rapportoit que parce qu'ils les luy avoient dites auparavant, ou qu'ils les avoient expliquées à des gens qui avoient pris soin de l'en instruire.

A l'égard des témoins qui ont asseuré qu'il *n'estoit pas Pierre*

Mege, & qui ne font que quatre ou cinq au plus ; ils alleguent dans leurs dépofitions, que *ce Pierre Mege qu'ils ont connu eftoit beaucoup plus petit que le Défendeur, qu'il avoit les épaules larges, qu'il portoit une mouftache noire à la Royale, & qu'il avoit de groffes jambes ;* d'où l'on conclud que *ce ne peut eftre le Défendeur qui eft delié, qui n'a point de barbe, & qui a les jambes menuës.*

10. Sac. 7. M   Ces témoins ont efté fubornés, ou ont confondu le Défendeur avec Jean Mege fon frere, decedé en 1694. car il eft certain au Procés que Pierre Mege qui s'enrolla en 1676. qui fut defigné en 1681. qui s'enrolla en 1683. qui alla à Rochefort en 1690. qui s'enrolla fur la Gallere la Belle en 1691. eftoit de grande taille ; fes enrollemens portent qu'il avoit cinq pieds & demy, c'eftoit par confequent le Défendeur ; & il eft faux que le veritable Pierre Mege fut de beaucoup plus petit que luy.

Mege fuivant ces enrollemens *avoit la taille deliée*, il n'avoit donc pas les épaules larges.

Si Pierre Mege qui a fervi pendant 14. ans fur la Galere la Fidele, commandée par le Chevalier de Montfuron, avoit eu une mouftache à la Royale, & de groffes jambes ; le Capitaine, les Officiers & les Soldats qui connoiffoient parfaitement Pierre Mege, auroient-ils receu en 1695. l'Impofteur qui n'a point de barbe & qui a les jambes menuës pour ce mefme Pierre Mege, & l'auroient-ils reconnu, comme ils l'ont fait, dans l'Enquefte des Demandeurs & dans la procedure de Toulon, où ils ont affuré que le Défendeur n'eftoit autre que le veritable Pierre Mege, qu'ils avoient vû pendant fi long-temps fur cette Galere.

Il eft donc évident que le veritable Pierre Mege n'a jamais efté tel que les témoins du Défendeur, qui difent que l'Impofteur n'eft pas Pierre Mege, l'ont dépeint, & que l'Arreft du Parlement de Provence du 14. Juillet 1706. n'a pû fans une injuftice évidente & manifefte, décider que le Défendeur qui conftamment eft Pierre Mege, eftoit le fils du fieur de Caille.

D'ailleurs, & c'eft icy où l'iniquité de cet Arreft paroift évidente ; le Parlement d'Aix eftoit indifpenfablement obligé de faire faire le Procés au Défendeur.

Car, quand on fuppoferoit pour un moment qu'il eft le fils du fieur de Caille, ce qui n'eft pas : il feroit certain qu'il auroit fauffement pris le nom de Pierre Mege ; que fous ce faux nom il auroit paffé de faux Actes publics, & de fauffes quitrances : cette fuppofition de nom, ces fauffetés averées & reconnuës ne meriteroient-elles pas une punition exemplaire ?

Ce ne font pas là les feules injuftices que le Parlement d'Aix ait faites par rapport à cette affaire : les Demandeurs se plaignent encore avec juste raison, qu'*il a decreté de prise de corps, d'ajournement personnel & d'assigné pour estre oüy* par l'Arrest du 14. Juillet 1706 sans aucune requisition, mesme de la part de M. le Procureur General, des gens qui avoient deposé contre l'imposteur, ou qui representoient des Pieces qui faisoient voir manifestement son imposture, & qu'il n'a point decretté plusieurs faux témoins de son enqueste convaincus par Actes, ou par la notorieté des faits.

Qu'il luy a *permis de poursuivre* M. *Rolland & consorts sur la prétenduë calomnie*, & sur quelqu'autres prétendus crimes imaginaires, & par là l'Imposteur devient l'accusateur de ceux qui l'ont justement poursuivi.

Qu'il a ordonné que *les Pieces des Parties resteront au Greffe de la Cour*, pour empêcher qu'on ne s'en pût servir en l'Instance en cassation que les Demandeurs vouloient porter au Conseil.

Qu'enfin depuis cet Arrest le Parlement *a decretté Honnorade Venelle de prise de corps* parce qu'elle soûtenoit avec juste raison que *l'Imposteur estoit Pierre Mege son veritable mary* ; & que la declaration de cette femme est une preuve convaincante de l'imposture.

Ils n'en diront pas à cet égard davantage ; ils vont répondre sommairement aux reflexions que le Défendeur a faites dans son Factum sur le Memoire qu'ils ont distribué au Conseil pour détruire les suppositions & les calomnies dont le Factum fait en Provence estoit remply.

QUATRIEME PARTIE.

Réponses aux reflexions du Défendeur, contre le Memoire imprimé de la Dame Rolland.

Quand on lit ces *reflexions*, on y trouve comme dans le reste du Factum de grands mots, des phrases recherchées avec soin & de belles maximes.

Quand on examine le tout avec un peu d'attention, on s'apperçoit que ces mots & ces *phrases* ne prouvent rien ; que la plûpart de ces *maximes* ne sont d'aucune utilité pour la décision de l'affaire. qu'on évite d'y répondre aux raisons alleguées par les Demandeurs ; & que si on en releve quelques-unes, les foibles réponses qu'on y fait ne leur donnent pas la moindre atteinte.

C'est l'idée generale qu'on peut donner de cet *ouvrage* ; on pourroit descendre dans un plus grand détail, & montrer les contradictions qui s'y rencontrent, le peu de solidité des raisonnemens qu'on y fait, la supposition des faits & des *Histoires*

dont il eſt orné ; mais la plus grande partie de tout ce qu'on y a
dit eſt tellement eſtranger à la cauſe, & le reſte merite ſi peu d'attention, qu'il ſuffit aux Demandeurs d'en parcourir legerement
quelques endroits.

La premiere *Reflexion* du Défendeur & celle par laquelle il de-
bute, eſt que *le Memoire* imprimé qui a eſté déja diſtribué par les
Demandeurs, pour détruire les impoſtures & les calomnies dont le
Factum fait en Provence & répandu au Conſeil eſtoit remply, eſt
un *pur Libelle diffamatoire, puiſqu'il n'eſt ſigné de perſonne, & qu'il
n'a point eſté ſignifié.*

Pag. 56. du Factum de l'Impoſteur.

Le Défendeur eſt excuſable de parler de cette maniere : un homme
qui *ne ſçait ni lire, ni écrire, qui n'a jamais rien pû apprendre,* & dont
pour exprimer l'ignorance, on dit par un détour ingenieux, que
l'humeur eſtoit volage, peut ne pas ſçavoir ce que c'eſt qu'*un pur
Libelle diffamatoire ;* mais cet homme, qui, quand il faut injurier
celuy dont il il ſe ſuppoſe eſtre le fils, *garde le ſilençe, & laiſſe parler
ſon dèfenſeur ;* n'auroit-il pas mieux fait de dire luy-meſme des injures, & de laiſſer à ſon *Déf nſeur* le ſoin de juger d'un Ouvrage
dont il ne veut pas connoiſtre le merite, parçe que la verité qui s'y
trouve combat trop fortement ſes calomnies & ſon impoſture.

Ibid. page 70.

Ibid. page 81.

Ce *Defenſeur* n'auroit pas aſſeurement donné à ce *Volume* qui
prouve l'iniquité évidente de l'Arreſt du Parlement d'Aix, le nom
que le Défendeur luy donne. Il ſçait mieux qu'un autre, qu'un *Libelle diffamatoire* eſt un Ouvrage malicieux qui attaque fauſſement
la reputation de quelqu'un, que perſonne n'avoüe, & que perſonne n'oſeroit avoüer ; qui quelquefois eſt ſans nom, & quelque
fois eſt mis fauſſement ſous le nom de celuy qui n'a jamais penſé
de le faire. Il ſçait encore que c'eſt un Epigramme, un Ouvrage
en Vers imprimé en ſecret, dont l'autheur qui le diſtribuëroit
dans les *Caffez* ſe feroit arreſter, & intrigueroit par là toute ſa famille : on n'en veut pas dire davantage ; mais on eſt bien ſeur
que pour peu qu'on ſçache les principes de la Juriſprudence, on
ne traitera point de *pur Libelle diffamatoire un Memoire* à la teſte
duquel on trouve le nom de ceux qui l'ont fait faire, qui l'ont
publiquement diſtribué, & qui le diſtribuent encore tous les jours,
dont l'autheur aſſez connu ne ſe cache point, & dans lequel
on n'a rien dit que de vray, qu'on ne ſoit preſt à ſoutenir, & qu'on
ne puiſſe prouver par les Pieces & par les Enqueſtes qui ſont au
Procés.

Mais, dit-on, *ce Volume n'eſt ſigné de perſonne, & n'eſt pas
ſignifié.* Où le Défendeur a-t-il pris qu'un Memoire doit eſtre ſigné
& ſignifié, pour n'eſtre pas un *Libelle diffamatoire ?* Son Factum eſt-il

signé de luy? Est-il *signifié*? Voudroit-il qu'on le qualifiât de *pur libelle diffamatoire*? Cette qualité luy conviendroit pourtant mieux qu'au *Memoire* auquel il a si mal-à-propos donné ce nom.

Il prétend que *ce Memoire est remply d'imposture*, qu'on *y fait des railleries contre l'Avocat de Provence*; qu'il *y a des invectives* mesme *contre les Juges, qui ont formé l'Arrêt définitif, contre le Rapporteur du Procés, contre des temoins veridiques, parce qu'ils ont esté favorables à celuy qui se dit le fils du sieur de Caille*. Ceux qui l'ont lû & ceux qui le lisent n'y trouvent & n'y trouveront partout que la verité: les Demandeurs y ont fait voir que l'Avocat de Provence a fait dans son Factum plus de deux cens citations fausses; que les Juges n'ont point voulu se rendre aux pieces les plus authentiques & aux preuves les plus certaines, qu'*ils n'ont pas lû ni voulu lire* des pieces décisives; que ces témoins qu'on appelle *veri liques* ont esté visiblement subornés, & ont deposé contre la verité & la vraye-semblance que l'Arrest qui a esté rendu est le plus injuste qui ait jamais paru; ils seroient bien malheureux, s'il ne leur estoit pas permis de se plaindre.

Trouvera-t-on dans ce Memoire des *injures* aussi qualifiées que celles dont M. Rolland est chargé dans le Factum du Défendeur, on les repete en 100. endroits; cela sert-il au Procés? Les Deman- deurs n'ont rien dit qui ne serve à prouver l'injustice qu'on leur a faite. Le Défendeur insulte gratuitément ceux qui dans le Procés n'ont rien à demêler avec luy. Il trouve mauvais qu'on ait fait sentir trop vivement des veritez, & il tombe dans une autre extremité plus blâmable, en inventant ou soutenant des calomnies qui n'ont pas le moindre fondement; quand on veut s'ériger en *reformateur*, il faut éviter de donner prise à la critique: un homme qui trouve qu'il y a trop de *vivacité* dans un ouvrage, doit répondre avec une grande moderation; l'a-t-on fait? On trouve dans trente pages de ce dernier *Factum* plus d'invectives, plus d'injures contre Monsieur & Madame Rolland, que l'Avocat au Parlement de Provence n'en a dit dans son gros *Volume*.

Mais sur quoy les fait on principalement rouler, sur les cinq Chefs, dont pour embarrasser le Procés & pour faire diversion, le Défendeur a calomnieusement accusé Monsieur Rolland. Y en a- t-il un seul qui ait la moindre apparence? Le Parlement d'Aix a permis d'en informer, l'information en a esté faite, pendant que M. Rolland estoit à la suite du Conseil; elle a esté apportée avec toutes les Pieces du Procés; qu'on la lise, qu'on l'examine, on n'y trouvera aucune Charge, non pas mesme le moindre indice contre luy. Les émissaires de l'Imposteur publient qu'un des témoins y a dé- posé (au mois de Decembre 1706.)qu'*il avoit vû 18.jours auparavant*

M. Rolland à Grenoble , auquel il avoit entendu dire dans la ruë que les témoins de Marseille luy coûtoient bien de l'argent; qu'il avoit donné à l'un 50. pistoles & à l'autre trente. Tout le Conseil sçait que Monsieur & Madame Rolland sont à Paris depuis le mois d'Aoust 1706. & n'en ont point desemparé; personne ne l'ignore à Aix, la fausseté de la déposition est donc évidente : les Commissaires devant lesquels cette procedure a esté faite, ne devoient-ils pas sur le champ faire arrester ce faux témoin ?

Est-il permis, sur de semblables dépositions de calomnier sans fondement ny apparence un Avocat General dont la conduite & les mœurs sont sans reproches, & à qui le Parlement de Grenoble rend un témoignage authentique de l'approbation generale où il est, & où il a toûjours esté : ces calomnies outrées contre M. Rolland, ne font rien pour la question du Procés , il sçaura bien en temps & lieu en demander la reparation qui luy est dûë, & qui ne peut luy estre refusée.

Le Parlement de Provence a cru couvrir l'iniquité de son Arrest, en jettant des soupçons injustes & mal fondés sur toute la procedure des Demandeurs; mais cela n'authorisoit pas l'Imposteur à répandre des invectives calomnieuses contre ce Magistrat, qui n'est pas mesme partie en l'Instance : les Demandeurs n'en diront pas davantage, ils vont relever quelques endroits du Factum qui peuvent avoir trait à leur Procés.

Le Défendeur y fait l'éloge de la Dame de Saint Iuers; c'est un de ces témoins qu'il appelle *Veridiques*, elle a déposé en sa faveur *avec sagesse & avec circonspection.* Les Demandeurs ne font pas ex-

Page 61. du Factum de l'Imposteur.

cusables de s'estre *dichaînés contre elle* , ils ont dit en parlant d'elle, *une femme nommée la Dame de Saint Iuers, c'est une maniere qui convient* dit-on, *aussi peu à la Jurisprudence qu'à la politesse,* on copie pour sa justification toute sa déposition.

Les Demandeurs l'employent cette *déposition,* pour justifier tout ce qu'ils ont dit par rapport à ce témoin. Il est constant que M. Rolland n'a jamais dit ni pensé ce que cette Dame dépose *avoir entendu ;* il est évident que cette déposition qu'on allegue avoir esté faite avec tant de *circonspection* contient une fausseté manifeste : la *Jurisprudence* , la *politesse* demandent-elles qu'on convienne qu'une supposition insigne soit une veriré.

Qu'on lise cette déposition, on y trouve un caractere de malignité & de subornation qu'il n'est pas permis de méconnoistre. La verité ne s'explique point d'une maniere si affectée ; elle ne marche point avec tant de *circonspection ;* plus on en trouve dans une déposition, plus elle est suspecte.

Le Défendeur suppose que *cette deposition est soutenuë par celles de 25. témoins, qui disent précisémeut la mesme chose* : de-là on tire une Page 64. de son Factum. consequence que *les Demandeurs n'ont pas dû avancer* dans leur Memoire page 51. que *nul témoin ne dit rien d'approchant de ce que dit cette Dame* : on rapporte la déposition d'un de ces témoins, c'est celle d'Abraham Pillet : *ce seul exemple fait voir*, dit-on, *combien on doit être en garde, & se défier de tous les faits dont parle le libelle, puisque les mensonges y sont avancés avec autant de fermeté que le pourroit être la verité mesme.*

Ce ne sont pas là des invectives, le Défendeur ne veut pas qu'il soit permis de s'en servir, & il est trop prevenu de ses principes pour y contrevenir luy-mesme ; on se contentera d'observer qu'il expose hardiment : 1°. Que *ce que dit la Dame de Saint Iuers est soûtenu des dépositions de 25. témoins, qui disent précisément la mesme chose.* 2°. *Que c'est un insigne mensonge d'avoir avancé que nul temoin n'a rien dit d'approchant de ce qu'elle a déposé.*

Qu'on life la déposition de la Dame de Saint Iuers & celles de *Pillet*, & *des autres témoins* que l'on cite à la marge ; on trouvera que *Pillet & les autres* ne disent pas avoir *entendu dire à M. Rolland* ce que la Dame de Saint Iuers dit *avoir entendu*, ils ne parlent de la prétenduë *évasion* du fils que sur de simples *oüi-dire*, ausquels on n'a dû ajoûter aucune foy ; ainsi le Défendeur ne devoit pas dire que *ce qu'a dit la Dame de Saint Iuers est soûtenu de la déposition de vingt-cinq témoins, qui disent précisément la mesme cho'e*, & les Demandeurs ont pu dire dans leur Memoire, que *nul autre témoin n'a déposé ce qu'on a fait dire à la Dame de Saint Iuers.*

Cet exemple que le Défendeur a choisi en prés de 300. pages, prouve-t-il qu'*on doit se défier de tous les faits dont parle le M moire des Demandeurs ? Prouve-t-il que *les mensonges y sont avancez avec autant de fermeté que le peut être la verité même ?* On s'en rapporte à ceux qui en voudront juger sans prévention.

L'Imposteur qui releve avec t ant d'emphase quatre mots, dont il n'a pas compris le sens, tombe luy - mesme dans la faute qu'il a reprise avec tant d'aigreur. *Il y a*, dit-il, *vingt-cinq témoins qui disent précisément la même chose* que la Dame de Saint Iuers, *que le fils du sieur de Caille s'est sauvé, qu'il n'est pas mort, & qu'il y a du my-stere dans cette mort.*

La Dame de Saint Iuers ne dit autre *chose*, sinon qu'*elle a entendu dire à M. Rolland que son neveu s'étoit sauvé* ; elle n'assure point le fait ; elle ne parle ny de *la mort*, ny *du mystere qu'il y avoit*, dit-on, *dans cette mort*, aucun des vingt-cinq témoins n'asseure mesme ces faits : tous ne parlent que sur des *oüi-dire*, devoit-on avancer haidi-

ment qu'*il y a* 25. *témoins qui difent précifement ce qu'elle a dit ?* Devoit-on mettre en Italique des faits dont elle n'a point parlé pour
perfuader qu'elle & les 25. témoins avoient tous depofé *la mefme
chofe ?* Ne pouroit-on pas dire que *c'eſt avancer le menfonge avec autant
de fermeté que le pouroit eſtre la verité ?* Les Demandeurs ne veulent
pas cependant fe fervir de ces termes; ils repeteront feulement
aprés le Défendeur que *ce feul exemple fait voir combien on doit fe
défier de tous les faits dont il eſt parlé dans fon Factum.*

Si le Défendeur n'épargne pas les injures par rapport à M. Rolland ou aux Demandeurs: il épargne auffi peu les loüanges quand
il parle de luy-mefme; *s'il n'a pas,* (dit-il , page 71.) *les qualitez
brillantes d'un Gentilhomme, il eſt certain qu'il en a les eſſentielles.* Sa
modeſtie fouffriroit apparemment, s'il expliquoit les occafions où
il les a fait paroiſtre, il laiſſe au Lecteur le foin d'en chercher les
preuves.

On n'en trouve point dans le *Factum* par rapport à fon *grand
cœur,* à fa *bravoure,* à fa *generofité,* fi ce n'eſt l'eſtampe qui fe voit au
commencement; il y eſt dépeint en Heros; c'eſt ainfi qu'il veut fe
produire partout en Impoſteur.

Ce feroit en vain qu'on voudroit chercher dans le Factum d'autres
preuves de ce *cœur,* de cette *bravoure,* de cette *generofité,* il n'y en
a point. *Il a eſté* de fon aveu (car on veut icy le confondre par luy-
mefm.) 8 *mois dans la Milice,* 33. *mois fur les Galeres, plus d'un an
fur les Vaiſſeaux;* le *cœur* & la *bravoure* font des *qualitez* d'un Soldat
auffi-bien que d'un Gentilhomme. Perfonne ne dit qu'il s'y foit

jamais fignalé. Un témoin le reconnoiſt feulement pour celuy qu'*on
luy a dit s'eſtre caché dans la marmite du Vaiſſeau pendant un Combat,*
mais la mer n'eſtoit pas apparemment un théâtre digne de fa *bravoure* & de fon *grand cœur.* A-t-il fallu *infulter* un Preſtre ? Luy &
fon beau-frere Theodore Many *ont mis à fin cette perilleufe avanture.*
A-t-on eu befoin d'un records pour recouvrer les deniers de la
Capitation? Ce prétendu *Gentilhomme* y a fignalé fon *courage.* A-t-il
fallu peler des oranges, puifer de l'eau, vendre de l'orvietan, enroller des Soldats , mandier fa vie. Le Défendeur a fait paroiſtre en
ces grandes occafions fon *cœur,* fa *bravoure,* fa *generofité.* Peut-on
aprés cela douter un moment, puifqu'il le dit dans fon Factum, qu'*il
a toutes les qualitez eſſentielles à un* Gentilhomme.

Il ajoûte qu'*il a prouvé à toute la Terre par fa charité, qu'un Gentilhomme ne fe dément jamais :* Voicy comment.

Le Défendeur *paſſant devant la Maifon de fon pere à Manofque ,*
(c'eſt un conte qu'il a déja fait & qu'il repete) *il la reconnut, il
embraſſa fondant en larmes, les grilles des fenêtres baſſes, & dit aux*
pauvres

pauvres de la Charité qu'il vit paroiſtre : Vous eſtes dedans, & moy qui ſuis le fils de la maiſon *je ſuis dehors, mais je ne vous en chaſſeray pas. Le cœur du Défendeur parla,* dit-on *en cette occaſion.* On croit en liſant cet endroit trouver dans la page ſuivante une donation de cette Maiſon par luy faite aux pauvres : point du tout, il n'a point effectué ſa promeſſe, il s'eſt contenté que ſon cœur ait *parlé* avant l'Arreſt, il l'a fait taire aprés que l'Arreſt a eſté rendu. Il avoit dit aux pauvres *en fondant en larmes, vous eſtes dedans, je ne vous en chaſſeray pas* : il les en a pourtant chaſſés, parce qu'*ils n'ont pas voulu,* dit-il, *le reconnoiſtre ;* c'eſt-à-dire, parce qu'ils n'ont pas voulu luy ceder la place de bonne grace.

Voilà ce qu'on appelle une *preuve de ſa charité :* Peut-on nier aprés ce qui vient d'eſtre dit, qu'il n'ait *toutes les qualitez eſſentielles d'un Gentilhomme ;* il n'a pas à la verité tenu la parole qu'il avoit ſolemnellement donnée aux pauvres, mais ce n eſt pas là une qualité *eſſentielle,* il ſuffit que ſon cœur *parla* pour lors, on ne peut exiger de luy autre choſe.

Les Demandeurs ne s'arreſteront point à répondre à *la différence qu'il y a,* dit-on, *du Défendeur au portrait que quelques-uns des témoins de ſon enqueſte font de Pierre Mege,* ni à *la difference des âges énoncés dans les enrollemens :* ils y ont répondu dans la troiſiéme partie de ce Factum. Page 74.

Ils ne diront rien auſſi ſur l'argument qu'on tire de ce que la Dame Rolland à la page 21. de ſon Memoire, aprés avoir rapporté ce que l'Impoſteur declare avoir fait à Marſeille ſous le nom de Pierre Mege, a dit : *peut-on ſe perſuader que c'eſt le fils du ſieur de Caille qui a exercé ces infâmes emplois.* Il prétend que *c'eſt convenir qu'il n'eſt pas Pierre Mege :* l'imagination la plus ſubtile ne peut atteindre à une conſequence auſſi ridicule. Pag. 73.

On met dans la meſme Claſſe le raiſonnement qu'il fait pour montrer que M. Rolland convient encore qu'*il n'eſt pas Pierre Mege,* parce qu'elle dit que *c'eſt un fripon, un ſcelerat, un adultere.* Qu'on liſe les endroits de ce Memoire où elle le caracteriſe : on verra que la maniere dont elle parle ne prouve point l'induction qu'il veut tirer de ce qu'elle a dit. Page 77.

Mais elle n'eſt pas la ſeule à qui l'on fait dire ce à quoy elle n'a jamais penſé ; l'Impoſteur ou plûtôt ſon Avocat, (car celuy-là pour ne pas *bleſſer la ſenſibilité de ſon cœur,* garde en cet endroit de ſon Factum *le ſilence,* & laiſſe *parler ſon Défenſeur*) en impute bien d'autres au ſieur de Caille pere : *il y a,* dit-il, *des témoins de ſes remords qui luy ont entendu dire qu'il ne ſe repentoit que trop d'avoir deſavoüé ſon fils, & qu'il voudroit qu'il luy en eut coûté la main & ne l'avoir pas* Pag. 81. du Factum de l'impoſteur.

Page 82.

A.

fait. Où est la preuve d'un fait aussi faux ? Où sont-ils ces prétendus *témoins de ces remords ?* Il ne les a pas citez dans son Factum, il est bon d'en instruire le Public.

Venture Tournarelle, qui n'a aucun bien 265. témoin de l'Enqueste de l'Imposteur dit : *Que tenant un bouchon & donnant à boire, il y avoit sept ou huit mois, un Passant inconnu luy auroit dit* AVOIR DEPO E *à la requeste du Prisonnier, & dit, que passant à Lauzanne le pere du Prisonnier luy avoit dit, que plust à Dieu qu'il n'eut pas denié son fils & souhaiteroit avoir perdu le poing de la main & ne l'avoir pas nié.* On repete icy les mêmes *termes* de cette déposition. N'est-ce pas là un bon garand d'une pareille imposture ? une femme *tenant un bouchon, dit avoir oüy - dire à un passant inconnu* qu'*il avoit deposé* un fait de cette importance qu'on ne trouve dans aucune *déposition,* & dont par conséquent la fausseté est manifeste, on le relevé avec emphase : on s'en sert pour faire voir que *la nature n'est point muette dans le cœur du sieur de Caille pere ;* qu'*il est de ces gens d'un caractere incapable de reculer quand ils ont fait un premier pas* dans le crime : on ajoute mesme à ce sujet qu'il *est des vertus apparentes qui ne consistent que dans l'art de donner un beau nom à de grands vices.* Il y a dans ce Factum une infinité de faits avancés en l'air sur des preuves de cette espece, & rapportés avec la même éloquence : qui est-ce qui voudroit faire un bel ouvrage à ce prix ?

Le Défendeur prétend encore que tous *les tours* qu'il dit avoir faits *sous le faux nom de Pierre Mege :* ces *faussetés,* ces *crimes* qu'il auroit commis s'il estoit veritablement *le fils du sieur de Caille* ne font que des *bagatelles ;* il *s'en est,* dit-il, *accuse naïvement* devant les Juges *& sa sincerité leur a fait trouver cette faute si legere que M. le Procureur General n'a fait à ce sujet aucune requisition contre luy.*

On n'auroit jamais cru que la *confession* d'un crime faite en face de la Justice pût operer d'aussi salutaires effets qu'un acte de contrition sincere, *le Parlement content de son repentir luy a,* dit-il, *pardonné,* & cela doit d'autant moins estre revoqué en doute que *les Gens du Roy n'ont point pris de Conclusions contre luy.*

Le Parquet du Parlement d'Aix est composé de deux Procureurs & de trois Avocats Generaux d'un merite distingué & d'une probité reconnuë, leurs Conclusions furent concertées entr'eux, ils examinerent avec une extrême attention tout le Procés, ils furent persuadez que l'Imposteur estoit le veritable Pierre Mege ; cette certitude fut le fondement de leur Avis ; n'auroit-il pas esté ridicule de conclure contre l'Imposteur par rapport à tout ce qu'il dit avoir fait sous le faux nom de Pierre Mege, puisqu'ils estoient persuadés qu'il est le veritable , & qu'il ne s'accusoit des crimes qu'il n'avoit pas commis que pour couvrir celuy dont il est effectivement coupable.

Les Demandeurs ne peuvent se dispenser de faire encore une reflexion. *L'Imposteur convient d'avoir fait de grandes fautes , il a avoué sur tout dans son interrogatoire fait à Toulon des choses dont il n'y a pas moyen de se tirer ; mais cette procedure (c'est l'Interrogatoire dont il entend parler) faite à Toulon devant des Juges dévoüés à M. Rolland a été cassée par l'Arrêt du 14. Juillet 1706. & mesme s'est trouvé si defectueuse, si pourie & si peu lisible, qu'on doit s'étonner de la trouver inserée en entier dans le Memoire des Demandeurs , avec. des reflexions sur presque tous les Articles.* Pag. 68.

Cecy merite un moment d'attention, le Parlement d'Aix a cassé *sans l'avoir lû ni voulu lire* l'information faite à Toulon à la Requeste des Demandeurs, on l'a cy-devant observé ; mais on ne peut s'estonner de la hardiesse avec laquelle on assure que l'Interrogatoire a esté cassé ; il ne fait & ne sçauroit faire partie de cette procedure, le Parlement d'Aix n'a cassé que ce dont l'Imposteur avoit interjetté appel ; c'est-à-dire, la procedure criminelle faite depuis la plainte des Demandeurs : cet Interrogatoire avoit esté levé & signifié à la Requeste du Défendeur bien auparavant ; il n'en a jamais esté appellant : & comment l'auroit-il esté ? il croyoit en ce temps-là que cette Piece suffisoit pour establir qu'il estoit le fils du sieur de Caille : on luy a fait voir qu'il s'estoit lourdement trompé, qu'elle seule prouvoit son imposture, il voudroit à present l'aneantir: c'est asseurement ce qu'il ne fera pas; il faut que cette piece demeure, & soit toûjours une preuve convaincante de son imposture.

Mais, dit-il, *la minute s'en trouve si defectueuse, si pourie & si peu lisible, que le Greffier du Parlement de Provence refusa de la recevoir ;* Quand cela seroit vray, ce qui n'est pas : cela pouvoit-il empêcher que la Dame Rolland ne la fist imprimer avec des *Reflexions ?* Se plaint-on que dans l'impression qui en a esté faite, on en ait altéré ou changé quelques endroits ? Point du tout. D'ailleurs qu'importe que sur quelques uns des feuillets de la minute il soit tombé de l'eau d'une goutiere. L'expedition que le Défendeur s'en fit delivrer quand elle estoit saine & entiere & qu'il a fait signifier, n'est-elle pas au Procés ? Pourquoy donc l'Imposteur releve-t-il cette circonstance inutile ? Est-ce pour soutenir l'Arrest dont on se plaint ? Est-ce pour grossir ses reflexions ? Cela sert-il le moins du monde au Procés ?

Les Demandeurs ne répondront point à la Table qui est à la fin du Factum : cela les meneroit trop loin ; s'il falloit faire voir que la plus grande partie des témoins qu'on a cités pour prouver les faits qu'on avance, ne disent rien de tout ce qu'on suppose estre dans leur déposition : ils ont fait voir qu'*il faut être en garde sur ce que dit l'Imposteur*, & sur toutes les citations qu'il a faites ; ils supplient encore une fois ceux qui liront son Factum de ne rien croire que ce qu'ils auront eux-mesmes vérifié.

Par ce moyen on demeurera convaincu, que presque tous les faits qu'il a avancés sont contraires à la verité, & qu'il n'y faut pas ajoûter plus de foy qu'aux contes fabuleux, (qui n'ont d'ailleurs aucun rapport aux circonstances particulieres de l'affaire) de *cet* **Page 72. & 85.** *homme de condition, qui aprés avoir été huit ans au College, ne sçavoit pas lire, & a été forcé de se mettre en metier ; & de ce Prince d'Allemagne Lutherien qui a plongé luy-mesme un poignard dans le sein de son fils unique, que le seul changement de Religion avoit rendu coupable à ses yeux.*

Les Demandeurs ont expliqué les veritables circonstances de la procedure qui a esté faite ; ils ont établi leurs moyens de cassation & l'iniquité évidente de l'Arrest dont ils se plaignent ; ils viennent de montrer que l'Imposteur employe pour sa défense *l'artifice le plus recherché qui selon luy est toujours le partage du mensonge* ; que tout ce qu'il avoit dit en Provence le doit ceder aux nouvelles impostures qu'il vient d'alleguer ; qu'à ces faits calomnieux il adjoûte des citations fausses ils n'apprehendent point que tout cela puisse obscurcir la verité, & ils esperent que dans peu le Conseil en leur adjugeant les conclusions qu'ils ont prises les vangera de la malice de leurs ennemis, & de l'injustice qu'on leur a faite.

Monsieur **LAVGEOIS D'IMBERCOVRT**, *Rapporteur.*

Messieurs DE MARILLAC, CHAUVELIN, VOISIN, DE HARLAY, DE NOINTEL, & ROUILLE' DU COUDRAY , Conseillers d'Etat Commissaires.

M. BAIZE', Avocat.

De l'Imprimerie de JEAN-FRANÇOIS KNAPEN, au bout du Pont S. Michel.